Cambridge Plain Texts

BOSSUET

ORAISON FUNÈBRE

BOSSUET

ORAISON FUNÈBRE

CAMBRIDGE
AT THE UNIVERSITY PRESS
1920

CAMBRIDGE UNIVERSITY PRESS
Cambridge, New York, Melbourne, Madrid, Cape Town,
Singapore, São Paulo, Delhi, Mexico City

Cambridge University Press
The Edinburgh Building, Cambridge CB2 8RU, UK

Published in the United States of America by Cambridge University Press, New York

www.cambridge.org
Information on this title: www.cambridge.org/9781107673298

First published 1920
Re-issued 2013

A catalogue record for this publication is available from the British Library

ISBN 978-1-107-67329-8 Paperback

NOTE

Jacques-Bénigne Bossuet (1627–1704) —
Bishop of Condom (1669), Tutor to the Dauphin
(1670), Bishop of Meaux (1681), a great church-
man, a redoubtable controversialist, a strenuous
upholder of Gallican rights, and a magnificent
writer and orator. He introduced a new style
of pulpit eloquence. The best preachers of the
time thought that their sole and solemn duty
was to present Truth unadorned. Bossuet saw
that Truth wedded to Art is most powerful to
persuade and win souls. Neither can be sacrificed.
In order to please, which is the object of all
art, you must be sincere and know the truth
of your subject. So in the *Oraisons funèbres*, a
kind of sermon where truth is most apt to suffer,
he was always careful to ascertain the true facts
of the lives with which he was dealing. In
Bossuet's hands what had often been a mere
vehicle for panegyric becomes a noble religious
instrument. His theme is Death, the universal
leveller; and the pomp and lofty condition of
the personages whom he celebrates only serve
to point the lesson of human vanity and the
need of submission to the will of God.

To form an idea of the setting of an *Oraison
funèbre* the reader should refer to the letter of
Mme de Sévigné to her daughter, May 6, 1672,
describing the funeral of Chancellor Séguier.

H. F. Stewart

May 1920

CONTENTS

ORAISON FUNEBRE

DE

LOUIS DE BOURBON

PRINCE DE CONDÉ

PRONONCÉE DANS L'ÉGLISE DE NOTRE-DAME DE
PARIS LE 10 MARS 1687.

Dominus tecum, virorum fortissime....Vade in hac fortitudine
tua....Ego ero tecum.

*Le Seigneur est avec vous, ô le plus courageux de tous les
hommes! Allez avec ce courage dont vous êtes rempli. Je serai
avec vous.* Juges, VI, 12, 14, 16.

MONSEIGNEUR,

Au moment que j'ouvre la bouche pour
célébrer la gloire immortelle de Louis de Bourbon,
prince de Condé, je me sens également confondu, et
par la grandeur du sujet, et, s'il m'est permis de
l'avouer, par l'inutilité du travail. Quelle partie du
monde habitable n'a pas ouï les victoires du prince
de Condé et les merveilles de sa vie? On les raconte
partout: le Français qui les vante n'apprend rien
à l'étranger; et, quoi que je puisse aujourd'hui vous
en rapporter, toujours prévenu par vos pensées, j'aurai
encore à répondre au secret reproche que vous me
ferez d'être demeuré beaucoup au-dessous. Nous ne
pouvons rien, faibles orateurs, pour la gloire des âmes
extraordinaires: le Sage a raison de dire que "leurs
seules actions les peuvent louer"; toute autre louange

languit auprès des grands noms; et la seule simplicité
d'un récit fidèle pourrait soutenir la gloire du prince
de Condé. Mais en attendant que l'histoire, qui doit
ce récit aux siècles futurs, le fasse paraître, il faut
satisfaire, comme nous pourrons, à la reconnaissance
publique et aux ordres du plus grand de tous les rois.
Que ne doit point le royaume à un prince qui a honoré
la maison de France, tout le nom français, son siècle,
et pour ainsi dire l'humanité tout entière? Louis le
Grand est entré lui-même dans ces sentiments. Après
avoir pleuré ce grand homme et lui avoir donné par
ses larmes, au milieu de toute sa cour, le plus glorieux
éloge qu'il pût recevoir, il assemble dans un temple
si célèbre ce que son royaume a de plus auguste, pour
y rendre des devoirs publics à la mémoire de ce
prince, et il veut que ma faible voix anime toutes ces
tristes représentations et tout cet appareil funèbre.
Faisons donc cet effort sur notre douleur. Ici un plus
grand objet, et plus digne de cette chaire, se présente
à ma pensée. C'est Dieu, qui fait les guerriers et les
conquérants. "C'est vous, lui disait David, qui avez
instruit mes mains à combattre et mes doigts à tenir
l'épée." S'il inspire le courage, il ne donne pas
moins les autres grandes qualités naturelles et sur-
naturelles, et du cœur et de l'esprit. Tout part de sa
puissante main: c'est lui qui envoie du ciel les généreux sentiments, les sages conseils et toutes les bonnes
pensées; mais il veut que nous sachions distinguer
entre les dons qu'il abandonne à ses ennemis et ceux
qu'il réserve à ses serviteurs. Ce qui distingue ses
amis d'avec tous les autres, c'est la piété: jusqu'à ce
qu'on ait reçu ce don du ciel, tous les autres, non
seulement ne sont rien, mais encore tournent en

ruine à ceux qui en sont ornés. Sans ce don inestimable de la piété, que serait-ce que le prince de
Condé avec tout ce grand cœur et ce grand génie?
Non, mes frères, si la piété n'avait comme consacré
ses autres vertus, ni ces princes ne trouveraient
aucun adoucissement à leur douleur, ni ce religieux
pontife aucune confiance dans ses prières, ni moi-
même aucun soutien aux louanges que je dois à
un si grand homme. Poussons donc à bout la gloire
humaine par cet exemple: détruisons l'idole des
ambitieux; qu'elle tombe anéantie devant ces autels.
Mettons ensemble aujourd'hui, car nous le pouvons
dans un si noble sujet, toutes les plus belles qualités
d'une excellente nature; et, à la gloire de la vérité,
montrons dans un prince admiré de tout l'univers,
que ce qui fait les héros, ce qui porte la gloire du
monde jusqu'au comble: valeur, magnanimité, bonté
naturelle; voilà pour le cœur: vivacité, pénétration,
grandeur et sublimité de génie; voilà pour l'esprit:
ne seraient qu'une illusion, si la piété ne s'y était
jointe; et enfin, que la piété est le tout de l'homme.
C'est, Messieurs, ce que vous verrez dans la vie éternellement mémorable de très haut et très puissant
prince LOUIS DE BOURBON, PRINCE DE CONDÉ, PREMIER
PRINCE DU SANG.

Dieu nous a révélé que lui seul il fait les conquérants,
et que seul il les fait servir à ses desseins. Quel autre
a fait un Cyrus, si ce n'est Dieu, qui l'avait nommé,
deux cents ans avant sa naissance, dans les oracles
d'Isaïe? "Tu n'es pas encore, lui disait-il, mais je
te vois, je t'ai nommé par ton nom: tu t'appelleras
Cyrus. Je marcherai devant toi dans les combats:
à ton approche je mettrai les rois en fuite; je briserai

les portes d'airain. C'est moi qui étends les cieux, qui soutiens la terre, qui nomme ce qui n'est pas comme ce qui est": c'est-à-dire, c'est moi qui fais tout, et moi qui vois, dès l'éternité, tout ce que je fais. Quel autre a pu former un Alexandre, si ce n'est ce même Dieu qui en a fait voir de si loin, et par des figures si vives, l'ardeur indomptable à son prophète Daniel? "Le voyez-vous, dit-il, ce conquérant; avec quelle rapidité il s'élève de l'occident comme par bonds, et ne touche pas à terre?" Semblable, dans ses sauts hardis et dans sa légère démarche, à ces animaux vigoureux et bondissants, il ne s'avance que par vives et impétueuses saillies, et n'est arrêté ni par montagnes ni par précipices. Déjà le roi de Perse est entre ses mains; "à sa vue il s'est animé: *efferatus est in eum,*" dit le Prophète; "il l'abat, il le foule aux pieds: nul ne le peut défendre des coups qu'il lui porte, ni lui arracher sa proie." A n'entendre que ces paroles de Daniel, qui croiriez-vous voir, Messieurs, sous cette figure, Alexandre ou le prince de Condé? Dieu donc lui avait donné cette indomptable valeur pour le salut de la France, durant la minorité d'un roi de quatre ans. Laissez-le croître, ce roi chéri du ciel; tout cédera à ses exploits: supérieur aux siens comme aux ennemis, il saura tantôt se servir, tantôt se passer de ses plus fameux capitaines; et seul sous la main de Dieu, qui sera continuellement à son secours, on le verra l'assuré rempart de ses États. Mais Dieu avait choisi le duc d'Enghien pour le défendre dans son enfance. Aussi, vers les premiers jours de son règne, à l'âge de vingt-deux ans, le duc conçut un dessein où les vieillards expérimentés ne purent atteindre; mais la

victoire le justifia devant Rocroi. L'armée ennemie
est plus forte, il est vrai; elle est composée de ces
vieilles bandes valonnes, italiennes et espagnoles,
qu'on n'avait pu rompre jusqu'alors. Mais pour combien fallait-il compter le courage qu'inspirait à nos
troupes le besoin pressant de l'État, les avantages
passés, et un jeune prince du sang qui portait la
victoire dans ses yeux? Don Francisco de Mellos
l'attend de pied ferme; et sans pouvoir reculer, les
deux généraux et les deux armées semblent avoir
voulu se renfermer dans des bois et dans des marais,
pour décider leur querelle, comme deux braves, en
champ clos. Alors, que ne vit-on pas? Le jeune
prince parut un autre homme. Touchée d'un si digne
objet, sa grande âme se déclara toute entière: son
courage croissait avec les périls, et ses lumières avec
son ardeur. A la nuit qu'il fallut passer en présence
des ennemis, comme un vigilant capitaine, il reposa
le dernier; mais jamais il ne reposa plus paisiblement.
A la veille d'un si grand jour, et dès la première
bataille, il est tranquille; tant il se trouve dans son
naturel: et on sait que le lendemain, à l'heure marquée,
il fallut réveiller d'un profond sommeil cet autre
Alexandre. Le voyez-vous, comme il vole ou à la
victoire ou à la mort? Aussitôt qu'il eut porté de rang
en rang l'ardeur dont il était animé, on le vit presque
en même temps pousser l'aile droite des ennemis,
soutenir la nôtre ébranlée, rallier le Français à demi
vaincu, mettre en fuite l'Espagnol victorieux, porter
partout la terreur, et étonner de ses regards étincelants
ceux qui échappaient à ses coups. Restait cette
redoutable infanterie de l'armée d'Espagne, dont les
gros bataillons serrés, semblables à autant de tours,

mais à des tours qui sauraient réparer leurs brèches, demeuraient inébranlables au milieu de tout le reste en déroute, et lançaient des feux de toutes parts. Trois fois le jeune vainqueur s'efforça de rompre ces intrépides combattants; trois fois il fut repoussé par le valeureux comte de Fontaines, qu'on voyait porté dans sa chaise, et, malgré ses infirmités, montrer qu'une âme guerrière est maîtresse du corps qu'elle anime. Mais enfin il faut céder. C'est en vain qu'à travers des bois, avec sa cavalerie toute fraîche, Bek précipite sa marche pour tomber sur nos soldats épuisés: le prince l'a prévenu; les bataillons enfoncés demandent quartier: mais la victoire va devenir plus terrible pour le duc d'Enghien que le combat. Pendant qu'avec un air assuré il s'avance pour recevoir la parole de ces braves gens, ceux-ci, toujours en garde, craignent la surprise de quelque nouvelle attaque; leur effroyable décharge met les nôtres en furie; on ne voit plus que carnage; le sang enivre le soldat; jusqu'à ce que le grand prince, qui ne put voir égorger ces lions comme de timides brebis, calma les courages émus, et joignit au plaisir de vaincre celui de pardonner. Quel fut alors l'étonnement de ces vieilles troupes et de leurs braves officiers, lorsqu'ils virent qu'il n'y avait plus de salut pour eux qu'entre les bras du vainqueur? De quels yeux regardèrent-ils le jeune prince, dont la victoire avait relevé la haute contenance, à qui la clémence ajoutait de nouvelles grâces? Qu'il eût encore volontiers sauvé la vie au brave comte de Fontaines! Mais il se trouva par terre, parmi ces milliers de morts dont l'Espagne sent encore la perte. Elle ne savait pas que le prince, qui lui fit perdre tant de ses vieux régiments à la journée de Rocroi, en devait achever les restes dans les plaines de Lens. Ainsi la première victoire fut le gage de beaucoup d'autres. Le prince fléchit le genou, et dans le champ de bataille il rend au Dieu des armées la gloire qu'il lui envoyait. Là on célébra Rocroi délivré, les menaces d'un redoutable ennemi tournées à sa honte, la régence affermie, la France en repos, et un règne, qui devait être si beau, commencé par un si heureux présage. L'armée commença l'action de grâces; toute la France suivit: on y élevait jusqu'au ciel le coup d'essai du duc d'Enghien: c'en serait assez pour illustrer une autre vie que la sienne; mais pour lui, c'est le premier pas de sa course.

Dès cette première campagne, après la prise de Thionville, digne prix de la victoire de Rocroi, il passa pour un capitaine également redoutable dans les sièges et dans les batailles. Mais voici, dans un jeune prince victorieux, quelque chose qui n'est pas moins beau que la victoire. La cour, qui lui préparait à son arrivée les applaudissements qu'il méritait, fut surprise de la manière dont il les reçut. La reine régente lui a témoigné que le roi était content de ses services. C'est dans la bouche du souverain la digne récompense de ses travaux. Si les autres osaient le louer, il repoussait leurs louanges comme des offenses; et indocile à la flatterie, il en craignait jusqu'à l'apparence. Telle était la délicatesse, ou plutôt telle était la solidité de ce prince. Aussi avait-il pour maxime: écoutez, c'est la maxime qui fait les grands hommes: Que dans les grandes actions il faut uniquement songer à bien faire, et laisser venir la gloire après la vertu. C'est ce qu'il inspirait aux autres; c'est ce qu'il suivait lui-même. Ainsi la fausse gloire ne le tentait pas;

tout tendait au vrai et au grand. De là vient qu'il mettait sa gloire dans le service du roi et dans le bonheur de l'État: c'était là le fond de son cœur; c'étaient ses premières et ses plus chères inclinations. La cour ne le retint guère, quoiqu'il en fût la merveille; il fallait montrer partout, et à l'Allemagne comme à la Flandre, le défenseur intrépide que Dieu nous donnait. Arrêtez ici vos regards. Il se prépare contre le prince quelque chose de plus formidable qu'à Rocroi; et pour éprouver sa vertu, la guerre va épuiser toutes ses inventions et tous ses efforts. Quel objet se présente à mes yeux! Ce n'est pas seulement des hommes à combattre, c'est des montagnes inaccessibles; c'est des ravines et des précipices d'un côté; c'est de l'autre un bois impénétrable, dont le fond est un marais; et derrière des ruisseaux; de prodigieux retranchements; c'est partout des forts élevés, et des forêts abattues qui traversent des chemins affreux: et au dedans, c'est Merci avec ses braves Bavarois, enflés de tant de succès et de la prise de Fribourg; Merci, qu'on ne vit jamais reculer dans les combats; Merci, que le prince de Condé et le vigilant Turenne n'ont jamais surpris dans un mouvement irrégulier, et à qui ils ont rendu ce grand témoignage, que jamais il n'avait perdu un seul moment favorable, ni manqué de prévenir leurs desseins, comme s'il eût assisté à leurs conseils. Ici donc, durant huit jours, et à quatre attaques différentes, on vit tout ce qu'on peut soutenir et entreprendre à la guerre. Nos troupes semblent rebutées, autant par la résistance des ennemis que par l'effroyable disposition des lieux; et le prince se vit quelque temps comme abandonné. Mais, comme un autre Machabée,

"son bras ne l'abandonna pas, et son courage, irrité
par tant de périls, vint à son secours." On ne l'eut
pas plutôt vu pied à terre forcer le premier ces
inaccessibles hauteurs, que son ardeur entraîna tout
après elle. Merci voit sa perte assurée; ses meilleurs
régiments sont défaits; la nuit sauve les restes de son
armée. Mais que des pluies excessives s'y joignent
encore, afin que nous ayons à la fois, avec tout le
courage et tout l'art, toute la nature à combattre.
Quelque avantage que prenne un ennemi habile
autant que hardi, et dans quelque affreuse montagne
qu'il se retranche de nouveau, poussé de tous côtés,
il faut qu'il laisse en proie au duc d'Enghien, non
seulement son canon et son bagage, mais encore tous
les environs du Rhin. Voyez comme tout s'ébranle.
Philisbourg est aux abois en dix jours, malgré l'hiver
qui approche: Philisbourg qui tint si longtemps le
Rhin captif sous nos lois, et dont le plus grand des
rois a si glorieusement réparé la perte. Worms, Spire,
Mayence, Landau, vingt autres places de nom ouvrent
leurs portes. Merci ne les peut défendre, et ne paraît
plus devant son vainqueur: ce n'est pas assez; il faut
qu'il tombe à ses pieds, digne victime de sa valeur:
Nordlingue en verra la chute; il y sera décidé qu'on
ne tient non plus devant les Français en Allemagne
qu'en Flandre, et on devra tous ces avantages au
même prince. Dieu, protecteur de la France, et
d'un roi qu'il a destiné à ses grands ouvrages,
l'ordonne ainsi.

Par ces ordres, tout paraissait sûr sous la conduite
du duc d'Enghien; et sans vouloir ici achever le jour
à vous marquer seulement ses autres exploits, vous
savez, parmi tant de fortes places attaquées, qu'il n'y

en eut qu'une seule qui put échapper à ses mains;
encore releva-t-elle la gloire du prince. L'Europe,
qui admirait la divine ardeur dont il était animé dans
les combats, s'étonna qu'il en fût le maître, et dès
l'âge de vingt-six ans, aussi capable de ménager ses
troupes que de les pousser dans les hasards, et de
céder à la fortune que de la faire servir à ses desseins.
Nous le vîmes partout ailleurs comme un de ces
hommes extraordinaires qui forcent tous les obstacles.
La promptitude de son action ne donnait pas le loisir
de la traverser. C'est là le caractère des conquérants.
Lorsque David, un si grand guerrier, déplora la mort
de deux fameux capitaines qu'on venait de perdre,
il leur donna cet éloge: "plus vites que les aigles,
plus courageux que les lions." C'est l'image du
prince que nous regrettons. Il paraît en un moment
comme un éclair dans les pays les plus éloignés: on
le voit en même temps à toutes les attaques, à tous
les quartiers. Lorsque, occupé d'un côté, il envoie
reconnaître l'autre, le diligent officier qui porte ses
ordres s'étonne d'être prévenu, et trouve déjà tout
ranimé par la présence du prince: il semble qu'il se
multiplie dans une action; ni le fer ni le feu ne
l'arrêtent. Il n'a pas besoin d'armer cette tête qu'il
expose à tant de périls; Dieu lui est une armure plus
assurée: les coups semblent perdre leur force en
l'approchant, et laisser seulement sur lui des marques
de son courage et de la protection du ciel. Ne lui
dites pas que la vie d'un premier prince du sang, si
nécessaire à l'État, doit être épargnée: il répond qu'un
prince du sang, plus intéressé par sa naissance à la
gloire du roi et de la couronne, doit dans le besoin
de l'État être dévoué plus que tous les autres pour en

relever l'éclat. Après avoir fait sentir aux ennemis durant tant d'années l'invincible puissance du roi, s'il fallut agir au dedans pour la soutenir, je dirai tout en un mot, il fit respecter la régente : et puisqu'il faut une fois parler de ces choses dont je voudrais pouvoir me taire éternellement, jusqu'à cette fatale prison, il n'avait pas seulement songé qu'on pût rien attenter contre l'État ; et dans son plus grand crédit, s'il souhaitait d'obtenir des grâces, il souhaitait encore plus de les mériter. C'est ce qui lui faisait dire—je puis bien ici répéter devant ces autels les paroles que j'ai recueillies de sa bouche, puisqu'elles marquent si bien le fond de son cœur—il disait donc, en parlant de cette prison malheureuse, qu'il y était entré le plus innocent de tous les hommes, et qu'il en était sorti le plus coupable. "Hélas! poursuivait-il, je ne respirais que le service du roi et la grandeur de l'État!" On ressentait dans ses paroles un regret sincère d'avoir été poussé si loin par ses malheurs. Mais, sans vouloir excuser ce qu'il a si hautement condamné lui-même, disons, pour n'en parler jamais, que comme dans la gloire éternelle les fautes des saints pénitents, couvertes de ce qu'ils ont fait pour les réparer, et de l'éclat infini de la divine miséricorde, ne paraissent plus ; ainsi, dans des fautes si sincèrement reconnues, et dans la suite si glorieusement réparées par de fidèles services, il ne faut plus regarder que l'humble reconnaissance du prince qui s'en repentit, et la clémence du grand roi qui les oublia.

Que s'il est enfin entraîné dans ces guerres infortunées, il y aura du moins cette gloire, de n'avoir pas laissé avilir la grandeur de sa maison chez les étrangers. Malgré la majesté de l'empire, malgré la fierté de

l'Autriche, et les couronnes héréditaires attachées à
cette maison, même dans la branche qui domine en
Allemagne; réfugié à Namur, soutenu de son seul
courage et de sa seule réputation, il porta si loin les
avantages d'un prince de France, et de la première
maison de l'univers, que tout ce qu'on put obtenir
de lui fut qu'il consentît de traiter d'égal avec l'archiduc,. quoique frère de l'empereur, et fils de tant
d'empereurs, à condition qu'en lieu tiers ce prince
ferait les honneurs des Pays-Bas. Le même traitement
fut assuré au duc d'Enghien, et la maison de France
garda son rang sur celle d'Autriche jusque dans
Bruxelles. Mais voyez ce que fait faire un vrai
courage. Pendant que le prince se soutenait si hautement avec l'archiduc, qui dominait, il rendait au
roi d'Angleterre et au duc d'York, maintenant un
roi si fameux, malheureux alors, tous les honneurs
qui leur étaient dus; et il apprit enfin à l'Espagne,
trop dédaigneuse, quelle était cette majesté que la
mauvaise fortune ne pouvait ravir à de si grands
princes. Le reste de sa conduite ne fut pas moins
grand. Parmi les difficultés que ses intérêts appor-
taient au traité des Pyrénées, écoutez quels furent ses
ordres, et voyez si jamais un particulier traita si noblement ses intérêts. Il mande à ses agents, dans la
conférence, qu'il n'est pas juste que la paix de la
chrétienté soit retardée davantage à sa considération:
qu'on ait soin de ses amis; et, pour lui, qu'on lui
laisse suivre sa fortune. Ah! quelle grande victime
se sacrifie au bien public! Mais quand les choses
changèrent, et que l'Espagne lui voulut donner ou
Cambrai et ses environs, ou le Luxembourg en pleine
souveraineté, il déclara qu'il préférait à ces avantages,

et à tout ce qu'on pouvait jamais lui accorder de plus grand, quoi? son devoir et les bonnes grâces du roi. C'est ce qu'il avait toujours dans le cœur; c'est ce qu'il répétait sans cesse au duc d'Enghien. Le voilà dans son naturel: la France le vit alors accompli par ces derniers traits, et avec ce je ne sais quoi d'achevé, que les malheurs ajoutent aux grandes vertus: elle le revit dévoué plus que jamais à l'État et à son roi. Mais, dans ses premières guerres, il n'avait qu'une seule vie à lui offrir: maintenant il en a une autre, qui lui est plus chère que la sienne. Après avoir, à son exemple, glorieusement achevé le cours de ses études, le duc d'Enghien est prêt à le suivre dans les combats. Non content de lui enseigner la guerre, comme il a fait jusqu'à la fin par ses discours, le prince le mène aux leçons vivantes et à la pratique. Laissons le passage du Rhin, le prodige de notre siècle et de la vie de Louis le Grand. A la journée de Senef, le jeune duc, quoiqu'il commandât, comme il avait déjà fait en d'autres campagnes, vient, dans les plus rudes épreuves, apprendre la guerre aux côtés du prince son père. Au milieu de tant de périls, il voit ce grand prince renversé dans un fossé, sous un cheval tout en sang. Pendant qu'il lui offre le sien, et s'occupe à relever le prince abattu, il est blessé entre les bras d'un père si tendre, sans interrompre ses soins, ravi de satisfaire à la fois à la piété et à la gloire. Que pouvait penser le prince, si ce n'est que, pour accomplir les plus grandes choses, rien ne manquerait à ce digne fils que les occasions? Et ses tendresses se redoublaient avec son estime.

Ce n'était pas seulement pour un fils, ni pour sa famille, qu'il avait des sentiments si tendres. Je l'ai vu, et ne croyez pas que j'use ici d'exagération, je l'ai vu vivement ému des périls de ses amis; je l'ai vu simple et naturel, changer de visage au récit de leurs infortunes, entrer avec eux dans les moindres choses comme dans les plus importantes; dans les accommodements, calmer les esprits aigris avec une patience et une douceur qu'on n'aurait jamais attendue d'une humeur si vive, ni d'une si haute élévation. Loin de nous les héros sans humanité. Ils pourront bien forcer les respects, et ravir l'admiration, comme font tous les objets extraordinaires, mais ils n'auront pas les cœurs. Lorsque Dieu forma le cœur et les entrailles de l'homme, il y mit premièrement la bonté comme le propre caractère de la nature divine, et pour être comme la marque de cette main bienfaisante dont nous sortons. La bonté devait donc faire comme le fond de notre cœur, et devait être en même temps le premier attrait que nous aurions en nous-mêmes pour gagner les autres hommes. La grandeur qui vient par-dessus, loin d'affaiblir la bonté, n'est faite que pour l'aider à se communiquer davantage, comme une fontaine publique qu'on élève pour la répandre. Les cœurs sont à ce prix; et les grands dont la bonté n'est pas le partage, par une juste punition de leur dédaigneuse insensibilité, demeureront privés éternellement du plus grand bien de la vie humaine, c'est-à-dire des douceurs de la société. Jamais homme ne les goûta mieux que le prince dont nous parlons; jamais homme ne craignit moins que la familiarité blessât le respect. Est-ce là celui qui forçait les villes et qui gagnait les batailles? Quoi, il semble avoir oublié ce haut rang qu'on lui à vu si bien défendre! Reconnaissez le héros, qui, toujours égal à lui-même, sans se hausser pour paraître grand, sans s'abaisser pour être civil et obligeant, se trouve naturellement tout ce qu'il doit être envers tous les hommes : comme un fleuve majestueux et bienfaisant, qui porte paisiblement dans les villes l'abondance qu'il a répandue dans les campagnes en les arrosant ; qui se donne à tout le monde, et ne s'élève et ne s'enfle que lorsque avec violence on s'oppose à la douce pente qui le porte à continuer son tranquille cours. Telle a été la douceur, et telle a été la force du prince de Condé. Avez-vous un secret important ? versez-le hardiment dans ce noble cœur : votre affaire devient la sienne par la confiance. Il n'y a rien de plus inviolable pour ce prince que les droits sacrés de l'amitié. Lorsqu'on lui demande une grâce, c'est lui qui paraît l'obligé ; et jamais on ne vit de joie ni si vive ni si naturelle que celle qu'il ressentait à faire plaisir. Le premier argent qu'il reçut d'Espagne avec la permission du roi, malgré les nécessités de sa maison épuisée, fut donné à ses amis, encore qu'après la paix il n'eût rien à espérer de leur secours ; et quatre cent mille écus distribués par ses ordres firent voir, chose rare dans la vie humaine, la reconnaissance aussi vive dans le prince de Condé que l'espérance d'engager les hommes l'est dans les autres. Avec lui la vertu eut toujours son prix. Il la louait jusque dans ses ennemis. Toutes les fois qu'il avait à parler de ses actions, et même dans les relations qu'il en envoyait à la cour, il vantait les conseils de l'un, la hardiesse de l'autre ; chacun avait son rang dans ses discours ; et parmi ce qu'il donnait à tout le monde, on ne savait où placer ce qu'il avait fait lui-même. Sans envie, sans fard, sans ostentation, toujours grand dans l'action et dans le repos, il parut à Chantilly comme à la tête des troupes. Qu'il embellît cette magnifique et délicieuse maison, ou bien qu'il munît un camp au milieu du pays ennemi, et qu'il fortifiât une place; qu'il marchât avec une armée parmi les périls, ou qu'il conduisît ses amis dans ces superbes allées, au bruit de tant de jets d'eau qui ne se taisaient ni jour ni nuit, c'était toujours le même homme, et sa gloire le suivait partout. Qu'il est beau, après les combats et le tumulte des armes, de savoir encore goûter ces vertus paisibles, et cette gloire tranquille qu'on n'a point à partager avec le soldat non plus qu'avec la fortune; où tout charme et rien n'éblouit; qu'on regarde sans être étourdi ni par le son des trompettes, ni par le bruit des canons, ni par les cris des blessés; où l'homme paraît tout seul aussi grand, aussi respecté que lorsqu'il donne des ordres, et que tout marche à sa parole.

Venons maintenant aux qualités de l'esprit; et puisque, pour notre malheur, ce qu'il y a de plus fatal à la vie humaine, c'est-à-dire l'art militaire, est en même temps ce qu'elle a de plus ingénieux et de plus habile, considérons d'abord par cet endroit le grand génie de notre prince. Et, premièrement, quel général porta jamais plus loin sa prévoyance? C'était une de ses maximes, qu'il fallait craindre les ennemis de loin, pour ne les plus craindre de près, et se réjouir à leur approche. Le voyez-vous comme il considère tous les avantages qu'il peut ou donner ou prendre? avec quelle vivacité il se met dans l'esprit, en un moment, les temps, les lieux, les personnes, et non seulement leurs intérêts et leurs talents, mais encore leurs humeurs et leurs caprices? Le voyez-vous comme il compte la cavalerie et l'infanterie des ennemis, par le naturel des pays ou des princes confédérés? Rien n'échappe à sa prévoyance. Avec cette prodigieuse compréhension de tout le détail et du plan universel de la guerre, on le voit toujours attentif à ce qui survient; il tire d'un déserteur, d'un transfuge, d'un prisonnier, d'un passant, ce qu'il veut dire, ce qu'il veut taire, ce qu'il sait, et pour ainsi dire ce qu'il ne sait pas, tant il est sûr dans ses conséquences. Ses partis lui rapportent jusqu'aux moindres choses: on l'éveille à chaque moment; car il tenait encore pour maxime qu'un habile capitaine peut bien être vaincu, mais qu'il ne lui est pas permis d'être surpris. Aussi lui devons-nous cette louange, qu'il ne l'a jamais été. A quelque heure et de quelque côté que viennent les ennemis, ils le trouvent toujours sur ses gardes, toujours prêt à fondre sur eux et à prendre ses avantages, comme une aigle qu'on voit toujours, soit qu'elle vole au milieu des airs, soit qu'elle se pose sur le haut de quelque rocher, porter de tous côtés des regards perçants, et tomber si sûrement sur sa proie, qu'on ne peut éviter ses ongles non plus que ses yeux. Aussi vifs étaient les regards, aussi vite et impétueuse était l'attaque, aussi fortes et inévitables étaient les mains du prince de Condé. En son camp on ne connaît point les vaines terreurs, qui fatiguent et rebutent plus que les véritables. Toutes les forces demeurent entières pour les vrais périls; tout est prêt au premier signal; et, comme dit le Prophète, "toutes les flèches sont aiguisées, et tous les arcs sont tendus." En attendant on repose d'un sommeil tranquille, comme on ferait sous son toit et dans son enclos. Que dis-je, qu'on repose? A Piéton, près de ce corps redoutable que trois puissances réunies avaient assemblé, c'était dans nos troupes de continuels divertissements ; toute l'armée était en joie, et jamais elle ne sentit qu'elle fût plus faible que celle des ennemis. Le prince, par son campement, avait mis en sûreté non seulement toute notre frontière et toutes nos places, mais encore tous nos soldats ; il veille, c'est assez. Enfin, l'ennemi décampe ; c'est ce que le prince attendait. Il part à ce premier mouvement ; déjà l'armée hollandaise, avec ses superbes étendards, ne lui échappera pas ; tout nage dans le sang, tout est en proie ; mais Dieu sait donner des bornes aux plus beaux desseins. Cependant les ennemis sont poussés partout. Oudenarde est délivrée de leurs mains ; pour les tirer eux-mêmes de celles du prince, le ciel les couvre d'un brouillard épais ; la terreur et la désertion se met dans leurs troupes ; on ne sait plus ce qu'est devenue cette formidable armée. Ce fut alors que Louis, qui, après avoir achevé le rude siège de Besançon, et avoir encore une fois réduit la Franche-Comté avec une rapidité inouïe, était revenu tout brillant de gloire pour profiter de l'action de ses armées de Flandre et d'Allemagne, commanda ce détachement qui fit en Alsace les merveilles que vous savez, et parut le plus grand de tous les hommes, tant par les prodiges qu'il avait faits en personne, que par ceux qu'il fit faire à ses généraux.

Quoiqu'une heureuse naissance eût apporté de si grands dons à notre prince, il ne cessait de l'enrichir par ses réflexions. Les campements de César firent son étude. Je me souviens qu'il nous ravissait, en nous racontant comme en Catalogne, dans les lieux où ce fameux capitaine, par l'avantage des postes, contraignit cinq légions romaines et deux chefs expérimentés à poser les armes sans combat, lui-même il avait été reconnaître les rivières et les montagnes qui servirent à ce grand dessein; et jamais un si digne maître n'avait expliqué par de si doctes leçons les Commentaires de César. Les capitaines des siècles futurs lui rendront un honneur semblable. On viendra étudier sur les lieux ce que l'histoire racontera du campement de Piéton, et des merveilles dont il fut suivi. On remarquera dans celui de Chatenoy l'éminence qu'occupa ce grand capitaine, et le ruisseau dont il se couvrit sous le canon du retranchement de Schelestad. Là, on lui verra mépriser l'Allemagne conjurée, suivre à son tour les ennemis, quoique plus forts, rendre leurs projets inutiles, et leur faire lever le siège de Saverne, comme il avait fait un peu auparavant celui de Haguenau. C'est par de semblables coups, dont sa vie est pleine, qu'il a porté si haut sa réputation, que ce sera dans nos jours s'être fait un nom parmi les hommes, et s'être acquis un mérite dans les.troupes, d'avoir servi sous le prince de Condé, et comme un titre pour commander, de l'avoir vu faire.

Mais si jamais il parut un homme extraordinaire, s'il parut être éclairé, et voir tranquillement toutes choses, c'est dans ces rapides moments d'où dépendent les victoires, et dans l'ardeur du combat. Partout ailleurs il délibère; docile, il prête l'oreille à tous les conseils; ici, tout se présente à la fois: la multitude des objets ne le confond pas; à l'instant le parti est pris; il commande et il agit tout ensemble, et tout marche en concours et en sûreté. Le dirai-je? mais pourquoi craindre que la gloire d'un si grand homme

2—2

puisse être diminuée par cet aveu? Ce n'est plus
ces promptes saillies, qu'il savait si vite et si agréablement réparer, mais enfin qu'on lui voyait quelquefois
dans les occasions ordinaires : vous diriez qu'il y a
en lui un autre homme, à qui sa grande âme abandonne
de moindres ouvrages, où elle ne daigne se mêler.
Dans le feu, dans le choc, dans l'ébranlement, on
voit naître tout à coup je ne sais quoi de si net, de si
posé, de si vif, de si ardent, de si doux, de si agréable
pour les siens, de si hautain et de si menaçant pour
les ennemis, qu'on ne sait d'où lui peut venir ce
mélange de qualités si contraires. Dans cette terrible
journée, où, aux portes de la ville et à la vue de ses
citoyens, le ciel sembla vouloir décider du sort de
ce prince; où, avec l'élite des troupes, il avait en
tête un général si pressant; où il se vit plus que
jamais exposé aux caprices de la fortune; pendant
que les coups venaient de tous côtés, ceux qui com-
battaient auprès de lui nous ont dit souvent que,
si l'on avait à traiter quelque grande affaire avec ce
prince, on eût pu choisir de ces moments où tout
était en feu autour de lui, tant son esprit s'élevait alors,
tant son âme leur paraissait éclairée comme d'en haut
en ces terribles rencontres : semblable à ces hautes
montagnes dont la cime, au-dessus des nues et des
tempêtes trouve la sérénité dans sa hauteur, et ne
perd aucun rayon de la lumière qui l'environne. Ainsi,
dans les plaines de Lens, nom agréable à la France,
l'archiduc, contre son dessein, tiré d'un poste
invincible par l'appât d'un succès trompeur, par un
soudain mouvement du prince, qui lui oppose des
troupes fraîches à la place des troupes fatiguées, est
contraint à prendre la fuite. Ses vieilles troupes

périssent; son canon, où il avait mis sa confiance, est entre nos mains; et Bek, qui l'avait flatté d'une victoire assurée, pris et blessé dans le combat, vient rendre en mourant un triste hommage à son vainqueur par son désespoir. S'agit-il ou de secourir ou de forcer une ville? le prince saura profiter de tous les moments. Ainsi, au premier avis que le hasard lui porta d'un siège important, il traverse, trop promptement, tout un grand pays; et, d'une première vue, il découvre un passage assuré pour le secours, aux endroits qu'un ennemi vigilant n'a pu encore assez munir. Assiège-t-il quelque place? il invente tous les jours de nouveaux moyens d'en avancer la conquête. On croit qu'il expose les troupes: il les ménage, en abrégeant le temps des périls par la vigueur des attaques. Parmi tant de coups surprenants, les gouverneurs les plus courageux ne tiennent pas les promesses qu'ils ont faites à leurs généraux: Dunkerque est pris en treize jours au milieu des pluies de l'automne; et ses barques, si redoutées de nos alliés, paraissent tout à coup dans tout l'océan avec nos étendards.

Mais ce qu'un sage général doit le mieux connaître, c'est ses soldats et ses chefs. Car de là vient ce parfait concert qui fait agir les armées comme un seul corps, ou, pour parler avec l'Écriture: "comme un seul homme": *Egressus est Israel tanquam vir unus*. Pourquoi comme un seul homme? parce que sous un même chef, qui connaît et les soldats et les chefs comme ses bras et ses mains, tout est également vif et mesuré. C'est ce qui donne la victoire; et j'ai ouï dire à notre grand prince qu'à la journée de Nordlingue, ce qui l'assurait du succès, c'est qu'il connaissait M. de Turenne, dont l'habileté consommée n'avait besoin d'aucun ordre pour faire tout ce qu'il fallait. Celui-ci publiait de son côté qu'il agissait sans inquiétude, parce qu'il connaissait le prince, et ses ordres toujours sûrs. C'est ainsi qu'ils se donnaient mutuellement un repos qui les appliquait chacun tout entier à son action : ainsi finit heureusement la bataille la plus hasardeuse et la plus disputée qui fut jamais.

Ç'a été dans notre siècle un grand spectacle, de voir, dans le même temps et dans les mêmes campagnes, ces deux hommes, que la voix commune de toute l'Europe égalait aux plus grands capitaines des siècles passés : tantôt à la tête de corps séparés ; tantôt unis, plus encore par le concours des mêmes pensées que par les ordres que l'inférieur recevait de l'autre ; tantôt opposés front à front, et redoublant l'un dans l'autre l'activité et la vigilance ; comme si Dieu, dont souvent, selon l'Écriture, la sagesse se joue dans l'univers, eût voulu nous les montrer en toutes les formes, et nous montrer ensemble tout ce qu'il peut faire des hommes. Que de campements, que de belles marches, que de hardiesse, que de précautions, que de périls, que de ressources ! Vit-on jamais en deux hommes les mêmes vertus, avec des caractères si divers, pour ne pas dire si contraires ? L'un paraît agir par des réflexions profondes, et l'autre par de soudaines illuminations : celui-ci par conséquent plus vif, mais sans que son feu eût rien de précipité ; celui-là d'un air plus froid, sans jamais rien avoir de lent, plus hardi à faire qu'à parler, résolu et déterminé au dedans, lors même qu'il paraissait embarrassé au dehors. L'un, dès qu'il parut dans les armées, donne une haute idée de sa valeur, et fait attendre quelque chose d'extraordinaire, mais toutefois s'avance par

ordre, et vient comme par degrés aux prodiges qui
ont fini le cours de sa vie: l'autre, comme un homme
inspiré, dès sa première bataille s'égale aux maîtres
les plus consommés. L'un, par de vifs et continuels
efforts, emporte l'admiration du genre humain, et
fait taire l'envie: l'autre jette d'abord une si vive
lumière, qu'elle n'osait l'attaquer. L'un enfin, par
la profondeur de son génie et les incroyables ressources
de son courage, s'élève au-dessus des plus grands
périls, et sait même profiter de toutes les infidélités
de la fortune: l'autre, et par l'avantage d'une si haute
naissance, et par ces grandes pensées que le ciel
envoie, et par une espèce d'instinct admirable dont les
hommes ne connaissent pas le secret, semble né pour
entraîner la fortune dans ses desseins, et forcer les
destinées. Et afin que l'on vît toujours dans ces deux
hommes de grands caractères, mais divers, l'un,
emporté d'un coup soudain, meurt pour son pays,
comme un Judas le Machabée; l'armée le pleure
comme son père, et la cour et tout le peuple gémit;
sa piété est louée comme son courage, et sa mémoire
ne se flétrit point par le temps: l'autre, élevé par les
armes au comble de la gloire comme un David,
comme lui meurt dans son lit en publiant les louanges
de Dieu et instruisant sa famille, et laisse tous les
cœurs remplis tant de l'éclat de sa vie que de la
douceur de sa mort. Quel spectacle de voir et d'étudier
ces deux hommes, et d'apprendre de chacun d'eux
toute l'estime que méritait l'autre! C'est ce qu'a vu
notre siècle: et ce qui est encore plus grand, il a vu
un roi se servir de ces deux grands chefs, et profiter
du secours du ciel; et après qu'il en est privé par la
mort de l'un et les maladies de l'autre, concevoir de

plus grands desseins, exécuter de plus grandes choses, s'élever au-dessus de lui-même, surpasser et l'espérance des siens et l'attente de l'univers: tant est haut son courage, tant est vaste son intelligence, tant ses destinées sont glorieuses.

Voilà, Messieurs, les spectacles que Dieu donne à l'univers; et les hommes qu'il y envoie quand il y veut faire éclater, tantôt dans une nation, tantôt dans une autre, selon ses conseils éternels, sa puissance ou sa sagesse; car ses divins attributs paraissent-ils mieux dans les cieux qu'il a formés de ses doigts que dans ces rares talents qu'il distribue comme il lui plaît aux hommes extraordinaires? Quel astre brille davantage dans le firmament, que le prince de Condé n'a fait dans l'Europe? Ce n'était pas seulement la guerre qui lui donnait de l'éclat; son grand génie embrassait tout, l'antique comme le moderne, l'histoire, la philosophie, la théologie la plus sublime, et les arts avec les sciences. Il n'y avait livre qu'il ne lût; il n'y avait homme excellent, ou dans quelque spéculation, ou dans quelque ouvrage, qu'il n'entretînt: tous sortaient plus éclairés d'avec lui, et rectifiaient leurs pensées, ou par ses pénétrantes questions, ou par ses réflexions judicieuses. Aussi sa conversation était un charme, parce qu'il savait parler à chacun selon ses talents; et non seulement aux gens de guerre de leurs entreprises, aux courtisans de leurs intérêts, aux politiques de leurs négociations; mais encore aux voyageurs curieux, de ce qu'ils avaient découvert ou dans la nature, ou dans le gouvernement, ou dans le commerce; à l'artisan, de ses inventions; et enfin aux savants de toutes les sortes, de ce qu'ils avaient trouvé de plus merveilleux. C'est de Dieu que viennent ces dons: qui en doute? Ces dons sont admirables: qui ne le voit pas? Mais pour confondre l'esprit humain, qui s'enorgueillit de tels dons, Dieu ne craint point d'en faire part à ses ennemis. Saint Augustin considère parmi les païens tant de sages, tant de conquérants, tant de graves législateurs, tant d'excellents citoyens, un Socrate, un Marc Aurèle, un Scipion, un César, un Alexandre, tous privés de la connaissance de Dieu, et exclus de son royaume éternel. N'est-ce donc pas Dieu qui les a faits? Mais quel autre les pouvait faire, si ce n'est celui qui fait tout dans le ciel et dans la terre? Mais pourquoi les a-t-il faits? et quels étaient les desseins particuliers de cette sagesse profonde, qui jamais ne fait rien en vain? Écoutez la réponse de saint Augustin: "Il les a faits, nous dit-il, pour orner le siècle présent": *Ut ordinem sæculi præsentis ornaret.* Il a fait dans les grands hommes ces rares qualités, comme il a fait le soleil. Qui n'admire ce bel astre? qui n'est ravi de l'éclat de son midi, et de la superbe parure de son lever et de son coucher? Mais puisque Dieu le fait luire sur les bons et sur les mauvais, ce n'est pas un si bel objet qui nous rend heureux: Dieu l'a fait pour embellir et pour éclairer ce grand théâtre du monde. De même, quand il a fait dans ses ennemis aussi bien que dans ses serviteurs ces belles lumières d'esprit, ces rayons de son intelligence, ces images de sa bonté, ce n'est pas pour les rendre heureux qu'il leur a fait ces riches présents; c'est une décoration de l'univers, c'est un ornement du siècle présent. Et voyez la malheureuse destinée de ces hommes qu'il a choisis pour être les ornements de leur siècle. Qu'ont-ils voulu, ces hommes rares, sinon des louanges

et la gloire que les hommes donnent? Peut-être
que, pour les confondre, Dieu refusera cette gloire à
leurs vains désirs? Non, il les confond mieux en la
leur donnant, et même au delà de leur attente. Cet
Alexandre, qui ne voulait que faire du bruit dans le
monde, y en a fait plus qu'il n'aurait osé espérer. Il
faut encore qu'il se trouve dans tous nos panégyriques;
et il semble, par une espèce de fatalité glorieuse à
ce conquérant, qu'aucun prince ne puisse recevoir de
louanges qu'il ne les partage. S'il a fallu quelque
récompense à ces grandes actions des Romains, Dieu
leur en a su trouver une convenable à leurs mérites
comme à leurs désirs. Il leur donne pour récompense
l'empire du monde, comme un présent de nul prix.
O rois, confondez-vous dans votre grandeur; conquérants, ne vantez pas vos victoires! Il leur donne
pour récompense la gloire des hommes: récompense
qui ne vient pas jusqu'à eux, qui s'efforce de s'attacher,
quoi? peut-être à leurs médailles, ou à leurs statues
déterrées, restes des ans et des barbares; aux ruines
de leurs monuments et de leurs ouvrages qui dis-
putent avec le temps; ou plutôt à leur idée, à leur
ombre, à ce qu'on appelle leur nom. Voilà le digne
prix de tant de travaux, et dans le comble de leurs
vœux la conviction de leur erreur. Venez, rassurez-
vous, grands de la terre; saisissez-vous, si vous
pouvez, de ce fantôme de gloire, à l'exemple de ces
grands hommes que vous admirez. Dieu, qui punit
leur orgueil dans les enfers, ne leur a pas envié, dit
saint Augustin, cette gloire tant désirée; et "vains
ils ont reçu une récompense aussi vaine que leurs
désirs." *Receperunt mercedem suam, vani vanam.*
Il n'en sera pas ainsi de notre grand prince: l'heure

de Dieu est venue, heure attendue, heure désirée, heure de miséricorde et de grâce. Sans être averti par la maladie, sans être pressé par le temps, il exécute ce qu'il méditait. Un sage religieux, qu'il appelle exprès, règle les affaires de sa conscience : il obéit, humble chrétien, à sa décision ; et nul n'a jamais douté de sa bonne foi. Dès lors aussi on le vit toujours sérieusement occupé du soin de se vaincre soi-même, de rendre vaines toutes les attaques de ses insupportables douleurs, d'en faire par sa soumission un continuel sacrifice. Dieu, qu'il invoquait avec foi, lui donna le goût de son Écriture, et dans ce livre divin, la solide nourriture de la piété. Ses conseils se réglaient plus que jamais par la justice ; on y soulageait la veuve et l'orphelin, et le pauvre en approchait avec confiance. Sérieux autant qu'agréable père de famille, dans les douceurs qu'il goûtait avec ses enfants, il ne cessait de leur inspirer les sentiments de la véritable vertu ; et ce jeune prince son petit-fils se sentira éternellement d'avoir été cultivé par de telles mains. Toute sa maison profitait de son exemple. Plusieurs de ses domestiques avaient été malheureusement nourris dans l'erreur, que la France tolérait alors : combien de fois l'a-t-on vu inquiété de leur salut, affligé de leur résistance, consolé par leur conversion ? Avec quelle incomparable netteté d'esprit leur faisait-il voir l'antiquité et la vérité de la religion catholique ? Ce n'était plus cet ardent vainqueur, qui semblait vouloir tout emporter : c'était une douceur, une patience, une charité qui songeait à gagner les cœurs et à guérir les esprits malades. Ce sont, Messieurs, ces choses simples, gouverner sa famille, édifier ses domestiques, faire justice et miséricorde, accomplir le bien que Dieu veut, et souffrir les maux qu'il envoie; ce sont ces communes pratiques de la vie chrétienne que Jésus-Christ louera au dernier jour devant ses saints anges et devant son Père céleste. Les histoires seront abolies avec les empires, et il ne se parlera plus de tous ces faits éclatants dont elles sont pleines. Pendant qu'il passait sa vie dans ces occupations, et qu'il portait au-dessus de ses actions les plus renommées la gloire d'une si belle et si pieuse retraite, la nouvelle de la maladie de la duchesse de Bourbon vint à Chantilly comme un coup de foudre. Qui ne fut frappé de la crainte de voir éteindre cette lumière naissante? On appréhenda qu'elle n'eût le sort des choses avancées. Quelles furent les sentiments du prince de Condé, lorsqu'il se vit menacé de perdre ce nouveau lien de sa famille avec la personne du roi? C'est donc dans cette occasion que devait mourir ce héros! Celui que tant de sièges et tant de batailles n'ont pu emporter, va périr par sa tendresse! Pénétré de toutes les inquiétudes que donne un mal affreux, son cœur, qui le soutient seul depuis si long-temps, achève à ce coup de l'accabler: les forces qu'il lui fait trouver l'épuisent. S'il oublie toute sa faiblesse à la vue du roi qui approche de la princesse malade; si, transporté de son zèle, et sans avoir besoin de secours à cette fois, il accourt pour l'avertir de tous les périls que ce grand roi ne craignait pas, et qu'il l'empêche enfin d'avancer, il va tomber évanoui à quatre pas; et on admire cette nouvelle manière de s'exposer pour son roi. Quoique la duchesse d'Enghien, princesse dont la vertu ne craignit jamais que de manquer à sa famille et à ses devoirs, eût obtenu de demeurer auprès de lui pour le soulager, la vigilance

de cette princesse ne calme pas les soins qui le
travaillent; et après que la jeune princesse est hors
de péril, la maladie du roi va bien causer d'autres
troubles à notre prince. Puis-je ne m'arrêter pas en
cet endroit? A voir la sérénité qui reluisait sur ce
front auguste, eût-on soupçonné que ce grand roi, en
retournant à Versailles, allât s'exposer à ces cruelles
douleurs où l'univers a connu sa piété, sa constance,
et tout l'amour de ses peuples? De quels yeux le
regardions-nous, lorsque, aux dépens d'une santé qui
nous est si chère, il voulait bien adoucir nos cruelles
inquiétudes par la consolation de le voir; et que,
maître de sa douleur comme de tout le reste des choses,
nous le voyions tous les jours, non seulement régler
ses affaires selon sa coutume, mais encore entretenir
sa cour attendrie, avec la même tranquillité qu'il lui
fait paraître dans ses jardins enchantés! Béni soit-il
de Dieu et des hommes, d'unir ainsi toujours la bonté
à toutes les autres qualités que nous admirons! Parmi
toutes ses douleurs, il s'informait avec soin de l'état
du prince de Condé; et il marquait pour la santé de
ce prince une inquiétude qu'il n'avait pas pour la
sienne. Il s'affaiblissait, ce grand prince, mais la
mort cachait ses approches. Lorsqu'on le crut en
meilleur état, et que le duc d'Enghien, toujours
partagé entre les devoirs de fils et de sujet, était re-
tourné par son ordre auprès du roi, tout change en un
moment, et on déclare au prince sa mort prochaine.
Chrétiens, soyez attentifs, et venez apprendre à
mourir; ou plutôt venez apprendre à n'attendre pas la
dernière heure pour commencer à bien vivre. Quoi!
attendre à commencer une vie nouvelle, lorsque entre
les mains de la mort, glacés sous ses froides mains,

vous ne saurez si vous êtes avec les morts ou encore
avec les vivants! Ah! prévenez par la pénitence cette
heure de troubles et de ténèbres. Par là, sans être
étonné de cette dernière sentence qu'on lui prononça,
le prince demeure un moment dans le silence; et tout
à coup: "O mon Dieu! dit-il, vous le voulez, votre
volonté soit faite: je me jette entre vos bras; donnez-
moi la grâce de bien mourir." Que désirez-vous
davantage? Dans cette courte prière, vous voyez la
soumission aux ordres de Dieu, l'abandon à sa
Providence, la confiance en sa grâce, et toute la
piété. Dès lors aussi, tel qu'on l'avait vu dans tous
ses combats, résolu, paisible, occupé sans inquiétude
de ce qu'il fallait faire pour les soutenir, tel fut-il
à ce dernier choc; et la mort ne lui parut pas plus
affreuse, pâle et languissante, que lorsqu'elle se
présente au milieu du feu sous l'éclat de la victoire
qu'elle montre seule. Pendant que les sanglots
éclataient de toutes parts, comme si un autre que lui
en eût été le sujet, il continuait à donner ses ordres;
et s'il défendait les pleurs, ce n'était pas comme un
objet dont il fût troublé, mais comme un empêche-
ment qui le retardait. A ce moment, il étend ses soins
jusqu'aux moindres de ses domestiques. Avec une
libéralité digne de sa naissance et de leurs services,
il les laisse comblés de ses dons, mais encore plus
honorés des marques de son souvenir. Comme
il donnait des ordres particuliers et de la plus haute
importance, puisqu'il y allait de sa conscience et de
son salut éternel, averti qu'il fallait écrire et ordonner
dans les formes: quand je devrais, Monseigneur,
renouveler vos douleurs, et rouvrir toutes les plaies
de votre cœur, je ne tairai pas ces paroles qu'il répéta

si souvent: Qu'il vous connaissait; qu'il n'y avait sans formalités qu'à vous dire ses intentions; que vous iriez encore au delà, et suppléeriez de vous-même à tout ce qu'il pourrait avoir oublié. Qu'un père vous ait aimé, je ne m'en étonne pas; c'est un sentiment que la nature inspire; mais qu'un père si éclairé vous ait témoigné cette confiance jusqu'au dernier soupir, qu'il se soit reposé sur vous de choses si importantes, et qu'il meure tranquillement sur cette assurance, c'est le plus beau témoignage que votre vertu pouvait remporter; et malgré tout votre mérite, Votre Altesse n'aura de moi aujourd'hui que cette louange.

Ce que le prince commença ensuite, pour s'acquitter des devoirs de la religion, mériterait d'être raconté à toute la terre, non à cause qu'il est remarquable, mais à cause, pour ainsi dire, qu'il ne l'est pas, et qu'un prince si exposé à tout l'univers ne donne rien aux spectateurs. N'attendez donc pas, Messieurs, de ces magnifiques paroles qui ne servent qu'à faire connaître, sinon un orgueil caché, du moins les efforts d'une âme agitée, qui combat ou qui dissimule son trouble secret. Le prince de Condé ne sait ce que c'est que de prononcer de ces pompeuses sentences; et dans la mort, comme dans la vie, la vérité fit toujours toute sa grandeur. Sa confession fut humble, pleine de componction et de confiance. Il ne lui fallut pas longtemps pour la préparer: la meilleure préparation pour celle des derniers temps, c'est de ne les attendre pas. Mais, Messieurs, prêtez l'oreille à ce qui va suivre. A la vue du saint viatique, qu'il avait tant désiré, voyez comme il s'arrête sur ce doux objet. Alors il se souvint des irrévérences dont, hélas! on déshonore ce divin mystère. Les chrétiens ne connaissent plus la sainte frayeur dont on était saisi autrefois à la vue du sacrifice. On dirait qu'il eût cessé d'être terrible, comme l'appelaient les saints Pères, et que le sang de notre victime n'y coule pas encore aussi véritablement que sur le Calvaire. Loin de trembler devant les autels, on y méprise Jésus-Christ présent; et, dans un temps où tout un royaume se remue pour la conversion des hérétiques, on ne craint point d'en autoriser les blasphèmes. Gens du monde, vous ne pensez pas à ces horribles profanations; à la mort, vous y penserez avec confusion et saisissement. Le prince se ressouvint de toutes les fautes qu'il avait commises; et trop faible pour expliquer avec force ce qu'il en sentait, il emprunta la voix de son confesseur pour en demander pardon au monde, à ses domestiques et à ses amis. On lui répondit par des sanglots; ah! répondez-lui maintenant en profitant de cet exemple. Les autres devoirs de la religion furent accomplis avec la même piété et la même présence d'esprit. Avec quelle foi, et combien de fois pria-t-il le Sauveur des âmes, en baisant sa croix, que son sang répandu pour lui ne le fût pas inutilement! C'est ce qui justifie le pécheur; c'est ce qui soutient le juste; c'est ce qui rassure le chrétien. Que dirai-je des saintes prières des agonisants, où, dans les efforts que fait l'Église, on entend ses vœux les plus empressés, et comme les derniers cris par où cette sainte mère achève de nous enfanter à la vie céleste? Il se les fit répéter trois fois, et il y trouva toujours de nouvelles consolations. En remerciant ses médecins: "Voilà, dit-il, maintenant mes vrais médecins"; il montrait les ecclésiastiques dont il écoutait les avis, dont il continuait les prières;

les psaumes toujours à la bouche, la confiance toujours dans le cœur. S'il se plaignit, c'était seulement d'avoir si peu à souffrir pour expier ses péchés; sensible jusqu'à la fin à la tendresse des siens, il ne s'y laissa jamais vaincre; et, au contraire, il craignait toujours de trop donner à la nature. Que dirai-je de ses derniers entretiens avec le duc d'Enghien? quelles couleurs assez vives pourraient vous représenter et la constance du père, et les extrêmes douleurs du fils? D'abord le visage en pleurs, avec plus de sanglots que de paroles, tantôt la bouche collée sur ces mains victorieuses, et maintenant défaillantes, tantôt se jetant entre ses bras et dans ce sein paternel, il semble par tant d'efforts vouloir retenir ce cher objet de ses respects et de ses tendresses. Les forces lui manquent; il tombe à ses pieds. Le prince, sans s'émouvoir, lui laisse reprendre ses esprits; puis, appelant la duchesse sa belle-fille, qu'il voyait aussi sans parole et presque sans vie, avec une tendresse qui n'eut rien de faible, il leur donne ses derniers ordres, où tout respirait la piété. Il les finit en les bénissant avec cette foi et avec ces vœux que Dieu exauce, et en bénissant avec eux, ainsi qu'un autre Jacob, chacun de leurs enfants en particulier; et on vit, de part et d'autre, tout ce qu'on affaiblit en le répétant. Je ne vous oublierai pas, ô prince! son cher neveu, et comme son second fils, ni le glorieux témoignage qu'il a rendu constamment à votre mérite, ni ses tendres empressements, et la lettre qu'il écrivit en mourant pour vous rétablir dans les bonnes grâces du roi, le plus cher objet de vos vœux; ni tant de belles qualités qui vous ont fait juger digne d'avoir si vivement occupé les dernières heures d'une si belle vie. Je n'oublierai pas non plus

les bontés du roi, qui prévinrent les désirs du prince
mourant; ni les généreux soins du duc d'Enghien,
qui ménagea cette grâce; ni le gré que lui sut le prince
d'avoir été si soigneux, en lui donnant cette joie,
d'obliger un si cher parent. Pendant que son cœur
s'épanche et que sa voix se ranime en louant le roi,
le prince de Conti arrive pénétré de reconnaissance
et de douleur. Les tendresses se renouvellent : les
deux princes ouïrent ensemble ce qui ne sortira
jamais de leur cœur; et le prince conclut, en leur
confirmant qu'ils ne seraient jamais ni grands hommes,
ni grands princes, ni honnêtes gens, qu'autant qu'ils
seraient gens de bien, fidèles à Dieu et au roi. C'est
la dernière parole qu'il laissa gravée dans leur mémoire; c'est, avec la dernière marque de sa tendresse,
l'abrégé de leurs devoirs. Tout retentissait de cris,
tout fondait en larmes; le prince seul n'était pas
ému, et le trouble n'arrivait pas dans l'asile où il
s'était mis. O Dieu! vous étiez sa force, son inébran-
lable refuge, et comme disait David, ce ferme rocher
où s'appuyait sa constance. Puis-je taire durant ce
temps ce qui se faisait à la cour et en la présence du
roi? Lorsqu'il y fit lire la dernière lettre que lui
écrivit ce grand homme, et qu'on y vit, dans les
trois temps que marquait le prince, ses services qu'il
y passait si légèrement au commencement et à la fin
de sa vie, et dans le milieu ses fautes dont il faisait
une si sincère reconnaissance, il n'y eut cœur qui ne
s'attendrit à l'entendre parler de lui-même avec tant
de modestie; et cette lecture, suivie des larmes du
roi, fit voir ce que les héros sentent les uns pour les
autres. Mais lorsqu'on vint à l'endroit du remercîment,
où le prince marquait qu'il mourait content, et trop

heureux d'avoir encore assez de vie pour témoigner
au roi sa reconnaissance, son dévouement, et, s'il
l'osait, sa tendresse; tout le monde rendit témoignage
à la vérité de ses sentiments; et ceux qui l'avaient
ouï parler si souvent de ce grand roi dans ses entretiens
familiers pouvaient assurer que jamais ils n'avaient
rien entendu ni de plus respectueux et de plus tendre
pour sa personne sacrée, ni de plus fort pour célébrer
ses vertus royales, sa piété, son courage, son grand
génie, principalement à la guerre, que ce qu'en disait
ce grand prince avec aussi peu d'exagération que de
flatterie. Pendant qu'on lui rendait ce beau témoignage,
ce grand homme n'était plus. Tranquille entre les
bras de son Dieu, où il s'était une fois jeté, il attendait
sa miséricorde et implorait son secours, jusqu'à ce
qu'il cessât enfin de respirer et de vivre. C'est ici
qu'il faudrait laisser éclater ses justes douleurs à la
perte d'un si grand homme; mais, pour l'amour de la
vérité, et à la honte de ceux qui la méconnaissent,
écoutez encore ce beau témoignage qu'il lui rendit en
mourant. Averti par son confesseur que si notre cœur
n'était pas encore entièrement selon Dieu, il fallait,
en s'adressant à Dieu même, obtenir qu'il nous fît un
cœur comme il le voulait, et lui dire avec David ces
tendres paroles: "O Dieu! créez en moi un cœur
pur"; à ces mots, le prince s'arrête comme occupé
de quelque grande pensée; puis, appelant le saint
religieux qui lui avait inspiré ce beau sentiment: "Je
n'ai jamais douté, dit-il, des mystères de la religion,
quoi qu'on ait dit." Chrétiens, vous l'en devez croire;
et, dans l'état où il est, il ne doit plus rien au monde
que la vérité. "Mais, poursuivit-il, j'en doute moins
que jamais. Que ces vérités, continuait-il avec une

douceur ravissante, se démêlent et s'éclaircissent
dans mon esprit! Oui, dit-il, nous verrons Dieu comme
il est, face à face." Il répétait en latin, avec un goût
merveilleux, ces grands mots: *Sicuti est, facie ad
faciem*; et on ne se lassait point de le voir dans ce
doux transport. Que se faisait-il dans cette âme?
quelle nouvelle lumière lui apparaissait? quel soudain
rayon perçait la nue, et faisait comme évanouir, en
ce moment, avec toutes les ignorances des sens, les
ténèbres mêmes, si je l'ose dire, et les saintes obscu-
rités de la foi? Que devinrent alors ces beaux titres
dont notre orgueil est flatté? Dans l'approche d'un si
beau jour, et dès la première atteinte d'une si vive
lumière, combien promptement disparaissent tous les
fantômes du monde! Que l'éclat de la plus belle
victoire paraît sombre! qu'on en méprise la gloire,
et qu'on veut de mal à ces faibles yeux qui s'y sont
laissés éblouir!

Venez, peuples, venez maintenant; mais venez
plutôt, princes et seigneurs; et vous qui jugez la terre,
et vous qui ouvrez aux hommes les portes du ciel; et
vous, plus que tous les autres, princes et princesses,
nobles rejetons de tant de rois, lumières de la France,
mais aujourd'hui obscurcies et couvertes de votre
douleur comme d'un nuage; venez voir le peu qui
nous reste d'une si auguste naissance, de tant de
grandeur, de tant de gloire. Jetez les yeux de toutes
parts: voilà tout ce qu'a pu faire la magnificence et la
piété pour honorer un héros; des titres, des inscrip-
tions, vaines marques de ce qui n'est plus; des figures
qui semblent pleurer autour d'un tombeau, et des
fragiles images d'une douleur que le temps emporte
avec tout le reste; des colonnes qui semblent vouloir

porter jusqu'au ciel le magnifique témoignage de notre néant : et enfin rien ne manque dans tous ces honneurs, que celui à qui on les rend. Pleurez donc sur ces faibles restes de la vie humaine, pleurez sur cette triste immortalité que nous donnons aux héros. Mais approchez en particulier, ô vous qui courez avec tant d'ardeur dans la carrière de la gloire, âmes guerrières et intrépides. Quel autre fut plus digne de vous commander ? mais dans quel autre avez-vous trouvé le commandement plus honnête ? Pleurez donc ce grand capitaine, et dites en gémissant : Voilà celui qui nous menait dans les hasards ; sous lui se sont formés tant de renommés capitaines, que ses exemples ont élevés aux premiers honneurs de la guerre : son ombre eût pu encore gagner des batailles ; et voilà que, dans son silence, son nom même nous anime, et il nous avertit que pour trouver à la mort quelque reste de nos travaux, et n'arriver pas sans ressource à notre éternelle demeure, avec le roi de la terre il faut encore servir le roi du ciel. Servez donc ce roi immortel et si plein de miséricorde, qui vous comptera un soupir et un verre d'eau donné en son nom plus que tous les autres ne feront jamais tout votre sang répandu ; et commencez à compter le temps de vos utiles services du jour que vous vous serez donnés à un maître si bienfaisant. Et vous, ne viendrez-vous pas à ce triste monument, vous, dis-je, qu'il a bien voulu mettre au rang de ses amis ? Tous ensemble, en quelque degré de sa confiance qu'il vous ait reçus, environnez ce tombeau ; versez des larmes avec des prières ; et admirant dans un si grand prince une amitié si commode et un commerce si doux, conservez le souvenir d'un héros dont la bonté

avait égalé le courage. Ainsi puisse-t-il toujours vous
être un cher entretien; ainsi puissiez-vous profiter
de ses vertus: et que sa mort, que vous déplorez,
vous serve à la fois de consolation et d'exemple.
Pour moi, s'il m'est permis après tous les autres de
venir rendre les derniers devoirs à ce tombeau, ô
prince, le digne sujet de nos louanges et de nos regrets,
vous vivrez éternellement dans ma mémoire: votre
image y sera tracée, non point avec cette audace qui
promettait la victoire; non, je ne veux rien voir en
vous de ce que la mort y efface. Vous aurez dans
cette image des traits immortels: je vous y verrai tel
que vous étiez à ce dernier jour sous la main de Dieu,
lorsque sa gloire sembla commencer à vous apparaître.
C'est là que je vous verrai plus triomphant qu'à
Fribourg et à Rocroi; et ravi d'un si beau triomphe,
je dirai en action de grâces ces belles paroles du
bien-aimé disciple: *Et hæc est victoria quæ vincit
mundum, fides nostra*: "La véritable victoire, celle qui
met sous nos pieds le monde entier, c'est notre foi."
Jouissez, prince, de cette victoire; jouissez-en éternellement par l'immortelle vertu de ce sacrifice. Agréez
ces derniers efforts d'une voix qui vous fut connue.
Vous mettrez fin à tous ces discours. Au lieu de
déplorer la mort des autres, grand prince, dorénavant
je veux apprendre de vous à rendre la mienne sainte;
heureux si, averti par ces cheveux blancs du compte
que je dois rendre de mon administration, je réserve
au troupeau que je dois nourrir de la parole de vie les
restes d'une voix qui tombe et d'une ardeur qui
s'éteint.

ORAISON FUNÈBRE

DE

HENRIETTE D'ANGLETERRE

DUCHESSE D'ORLÉANS

PRONONCÉE A SAINT-DENIS LE 21 AOÛT 1670.

Vanitas vanitatum, dixit Ecclesiastes; vanitas vanitatum, et omnia vanitas.
Vanité des vanités, a dit l'Ecclésiaste; vanité des vanités, et tout est vanité. Eccl. I, 2.

MONSEIGNEUR,

J'étais donc encore destiné à rendre ce devoir funèbre à très haute et très puissante princesse Henriette-Anne d'Angleterre, duchesse d'Orléans. Elle, que j'avais vue si attentive pendant que je rendais le même devoir à la reine sa mère, devait être sitôt après le sujet d'un discours semblable; et ma triste voix était réservée à ce déplorable ministère. O vanité! ô néant! ô mortels ignorants de leurs destinées! L'eût-elle cru il y a dix mois? Et vous, Messieurs, eussiez-vous pensé, pendant qu'elle versait tant de larmes en ce lieu, qu'elle dût sitôt vous y rassembler pour la pleurer elle-même? Princesse, le digne objet de l'admiration de deux grands royaumes, n'était-ce pas assez que l'Angleterre pleurât votre absence, sans être encore réduite à pleurer votre mort? et la France qui vous revit, avec tant de joie, environnée d'un nouvel éclat, n'avait-elle plus d'autres pompes

et d'autres triomphes pour vous, au retour de ce
voyage fameux, d'où vous aviez remporté tant de
gloire et de si belles espérances? "Vanité des vanités,
et tout est vanité." C'est la seule parole qui me reste,
c'est la seule réflexion que me permet, dans un accident
si étrange, une si juste et si sensible douleur. Aussi
n'ai-je point parcouru les livres sacrés pour y trouver
quelque texte que je pusse appliquer à cette princesse.
J'ai pris, sans étude et sans choix, les premières
paroles que me présente l'Ecclésiaste, où, quoique la
vanité ait été si souvent nommée, elle ne l'est pas
encore assez à mon gré pour le dessein que je me
propose. Je veux dans un seul malheur déplorer toutes
les calamités du genre humain, et dans une seule
mort faire voir la mort et le néant de toutes les
grandeurs humaines. Ce texte, qui convient à tous les
états et à tous les événements de notre vie, par une
raison particulière devient propre à mon lamentable
sujet, puisque jamais les vanités de la terre n'ont été
si clairement découvertes, ni si hautement confondues.
Non, après ce que nous venons de voir, la santé n'est
qu'un nom, la vie n'est qu'un songe, la gloire n'est
qu'une apparence, les grâces et les plaisirs ne sont
qu'un dangereux amusement: tout est vain en nous,
excepté le sincère aveu que nous faisons devant Dieu
de nos vanités, et le jugement arrêté qui nous fait
mépriser tout ce que nous sommes.

Mais dis-je la vérité? L'homme, que Dieu a fait à
son image, n'est-il qu'une ombre? Ce que Jésus-
Christ est venu chercher du ciel en la terre, ce qu'il
a cru pouvoir, sans se ravilir, acheter de tout son sang,
n'est-ce qu'un rien? Reconnaissons notre erreur.
Sans doute ce triste spectacle des vanités humaines

nous imposait; et l'espérance publique, frustrée tout
à coup par la mort de cette princesse, nous poussait
trop loin. Il ne faut pas permettre à l'homme de se
mépriser tout entier, de peur que, croyant avec les
impies que notre vie n'est qu'un jeu où règne le
hasard, il ne marche sans règle et sans conduite au
gré de ses aveugles désirs. C'est pour cela que
l'Ecclésiaste, après avoir commencé son divin ouvrage
par les paroles que j'ai récitées, après en avoir rempli
toutes les pages du mépris des choses humaines, veut
enfin montrer à l'homme quelque chose de plus solide,
et conclut tout son discours, en lui disant: "Crains
Dieu, et garde ses commandements; car c'est là tout
l'homme: et sache que le Seigneur examinera dans
son jugement tout ce que nous aurons fait de bien
et de mal." Ainsi tout est vain en l'homme, si nous
regardons ce qu'il donne au monde; mais au contraire,
tout est important, si nous considérons ce qu'il doit
à Dieu. Encore une fois tout est vain en l'homme, si
nous regardons le cours de sa vie mortelle; mais tout
est précieux, tout est important, si nous contemplons
le terme où elle aboutit, et le compte qu'il en faut
rendre. Méditons donc aujourd'hui, à la vue de cet
autel et de ce tombeau, la première et la dernière
parole de l'Ecclésiaste: l'une qui montre le néant de
l'homme, l'autre qui établit sa grandeur. Que ce
tombeau nous convainque de notre néant, pourvu que
cet autel, où l'on offre tous les jours pour nous une
victime d'un si grand prix, nous apprenne en même
temps notre dignité. La princesse que nous pleurons
sera un témoin fidèle de l'un et de l'autre. Voyons ce
qu'une mort soudaine lui a ravi; voyons ce qu'une
sainte mort lui a donné. Ainsi nous apprendrons à

mépriser ce qu'elle a quitté sans peine, afin d'attacher toute notre estime à ce qu'elle a embrassé avec tant d'ardeur, lorsque son âme épurée de tous les sentiments de la terre, et pleine du ciel où elle touchait, a vu la lumière toute manifeste. Voilà les vérités que j'ai à traiter, et que j'ai cru dignes d'être proposées à un si grand prince, et à la plus illustre assemblée de l'univers.

"Nous mourons tous, disait cette femme dont l'Écriture a loué la prudence au second livre des Rois, et nous allons sans cesse au tombeau, ainsi que des eaux qui se perdent sans retour." En effet, nous ressemblons tous à des eaux courantes. De quelque superbe distinction que se flattent les hommes, ils ont tous une même origine; et cette origine est petite. Leurs années se poussent successivement comme des flots: ils ne cessent de s'écouler; tant qu'enfin, après avoir fait un peu plus de bruit et traversé un peu plus de pays les uns que les autres, ils vont tous ensemble se confondre dans un abîme où l'on ne reconnaît plus ni princes, ni rois, ni toutes ces autres qualités superbes qui distinguent les hommes; de même que ces fleuves tant vantés demeurent sans nom et sans gloire, mêlés dans l'Océan avec les rivières les plus inconnues.

Et certainement, Messieurs, si quelque chose pouvait élever les hommes au-dessus de leur infirmité naturelle, si l'origine qui nous est commune souffrait quelque distinction solide et durable entre ceux que Dieu a formés de la même terre, qu'y aurait-il dans l'univers de plus distingué que la princesse dont je parle? Tout ce que peuvent faire non seulement la naissance et la fortune, mais encore les grandes

qualités de l'esprit, pour l'élévation d'une princesse,
se trouve rassemblé, et puis anéanti dans la nôtre.
De quelque côté que je suive les traces de sa glorieuse
origine, je ne découvre que des rois, et partout je
suis ébloui de l'éclat des plus augustes couronnes.
Je vois la maison de France, la plus grande, sans
comparaison, de tout l'univers, et à qui les plus puis-
santes maisons peuvent bien céder sans envie,
puisqu'elles tâchent de tirer leur gloire de cette source.
Je vois les rois d'Écosse, les rois d'Angleterre, qui
ont régné depuis tant de siècles sur une des plus
belliqueuses nations de l'univers, plus encore par
leur courage que par l'autorité de leur sceptre. Mais
cette princesse, née sur le trône, avait l'esprit et le
cœur plus hauts que sa naissance. Les malheurs de
sa maison n'ont pu l'accabler dans sa première jeunesse; et dès lors on voyait en elle une grandeur qui
ne devait rien à la fortune. Nous disions avec joie
que le ciel l'avait arrachée, comme par miracle, des
mains des ennemis du roi son père, pour la donner
à la France: don précieux, inestimable présent, si
seulement la possession en avait été plus durable!
Mais pourquoi ce souvenir vient-il m'interrompre?
Hélas! nous ne pouvons un moment arrêter les yeux
sur la gloire de la princesse, sans que la mort s'y
mêle aussitôt pour tout offusquer de son ombre.
O mort, éloigne-toi de notre pensée, et laisse-nous
tromper pour un peu de temps la violence de notre
douleur par le souvenir de notre joie. Souvenez-vous
donc, Messieurs, de l'admiration que la princesse
d'Angleterre donnait à toute la cour. Votre mémoire
vous la peindra mieux avec tous ses traits et son incomparable douceur, que ne pourront jamais faire

toutes mes paroles. Elle croissait au milieu des bénédictions de tous les peuples, et les années ne cessaient de lui apporter de nouvelles grâces. Aussi la reine sa mère, dont elle a toujours été la consolation, ne l'aimait pas plus tendrement que faisait Anne d'Espagne. Anne, vous le savez, Messieurs, ne trouvait rien au-dessus de cette princesse. Après nous avoir donné une reine, seule capable par sa piété, et par ses autres vertus royales, de soutenir la réputation d'une tante si illustre, elle voulut, pour mettre dans sa famille ce que l'univers avait de plus grand, que Philippe de France son second fils épousât la princesse Henriette; et quoique le roi d'Angleterre, dont le cœur égale la sagesse, sût que la princesse sa sœur, recherchée de tant de rois, pouvait honorer un trône, il lui vit remplir avec joie la seconde place de France, que la dignité d'un si grand royaume peut mettre en comparaison avec les premières du reste du monde.

Que si son rang la distinguait, j'ai eu raison de vous dire qu'elle était encore plus distinguée par son mérite. Je pourrais vous faire remarquer qu'elle connaissait si bien la beauté des ouvrages de l'esprit, que l'on croyait avoir atteint la perfection, quand on avait su plaire à Madame. Je pourrais encore ajouter que les plus sages et les plus expérimentés admiraient cet esprit vif et perçant, qui embrassait sans peine les plus grandes affaires, et pénétrait avec tant de facilité dans les plus secrets intérêts. Mais pourquoi m'étendre sur une matière où je puis tout dire en un mot? Le roi, dont le jugement est une règle toujours sûre, a estimé la capacité de cette princesse, et l'a mise par son estime au-dessus de tous nos éloges.

Cependant, ni cette estime, ni tous ces grands

avantages, n'ont pu donner atteinte à sa modestie. Toute éclairée qu'elle était, elle n'a point présumé de ses connaissances, et jamais ses lumières ne l'ont éblouie. Rendez témoignage à ce que je dis, vous que cette grande princesse a honorés de sa confiance. Quel esprit avez-vous trouvé plus élevé? mais quel esprit avez-vous trouvé plus docile? Plusieurs, dans la crainte d'être trop faciles, se rendent inflexibles à la raison, et s'affermissent contre elle: Madame s'éloignait toujours autant de la présomption que de la faiblesse; également estimable, et de ce qu'elle savait trouver les sages conseils, et de ce qu'elle était capable de les recevoir. On les sait bien connaître, quand on fait sérieusement l'étude qui plaisait tant à cette princesse; nouveau genre d'étude, et presque inconnu aux personnes de son âge et de son rang, ajoutons, si vous voulez, de son sexe. Elle étudiait ses défauts; elle aimait qu'on lui en fît des leçons sincères: marque assurée d'une âme forte que ses fautes ne dominent pas, et qui ne craint point de les envisager de près, par une secrète confiance des ressources qu'elle sent pour les surmonter. C'était le dessein d'avancer dans cette étude de sagesse, qui la tenait si attachée à la lecture de l'histoire, qu'on appelle avec raison la sage conseillère des princes. C'est là que les plus grands rois n'ont plus de rang que par leurs vertus, et que, dégradés à jamais par les mains de la mort, ils viennent subir sans cour et sans suite le jugement de tous les peuples et de tous les siècles. C'est là qu'on découvre que le lustre qui vient de la flatterie est superficiel, et que les fausses couleurs, quelque industrieusement qu'on les applique, ne tiennent pas. Là notre admirable princesse étudiait les devoirs de ceux dont la vie compose l'histoire: elle y perdait insensiblement le goût des romans et de leurs fades héros; et soigneuse de se former sur le vrai, elle méprisait ces froides et dangereuses fictions. Ainsi, sous un visage riant, sous cet air de jeunesse qui semblait ne promettre que des jeux, elle cachait un sens et un sérieux dont ceux qui traitaient avec elle étaient surpris.

Aussi pouvait-on sans crainte lui confier les plus grands secrets. Loin du commerce des affaires, et de la société des hommes, ces âmes sans force, aussi bien que sans foi, qui ne savent pas retenir leur langue indiscrète! "Ils ressemblent, dit le Sage, à une ville sans murailles, qui est ouverte de toutes parts," et qui devient la proie du premier venu. Que Madame était au-dessus de cette faiblesse! Ni la surprise, ni l'intérêt, ni la vanité, ni l'appât d'une flatterie délicate, ou d'une douce conversation qui souvent épanchant le cœur en fait échapper le secret, n'était capable de lui faire découvrir le sien; et la sûreté qu'on trouvait en cette princesse, que son esprit rendait si propre aux grandes affaires, lui faisait confier les plus importantes.

Ne pensez pas que je veuille, en interprète téméraire des secrets d'État, discourir sur le voyage d'Angleterre, ni que j'imite ces politiques spéculatifs qui arrangent suivant leurs idées les conseils des rois, et composent sans instruction les annales de leur siècle. Je ne parlerai de ce voyage glorieux que pour dire que Madame y fut admirée plus que jamais. On ne parlait qu'avec transport de la bonté de cette princesse, qui, malgré les divisions trop ordinaires dans les cours, lui gagna d'abord tous les esprits. On ne pouvait assez louer son incroyable dextérité à traiter les affaires les plus délicates, à guérir ces défiances cachées qui souvent les tiennent en suspens, et à terminer tous les différends d'une manière qui conciliait les intérêts les plus opposés. Mais qui pourrait penser sans verser des larmes aux marques d'estime et de tendresse que lui donna le roi son frère ? Ce grand roi, plus capable encore d'être touché par le mérite que par le sang, ne se lassait point d'admirer les excellentes qualités de Madame. O plaie irrémédiable ! ce qui fut en ce voyage le sujet d'une si juste admiration, est devenu pour ce prince le sujet d'une douleur qui n'a point de bornes. Princesse, le digne lien des deux plus grands rois du monde, pourquoi leur avez-vous été sitôt ravie ? Ces deux grands rois se connaissent, c'est l'effet des soins de Madame ; ainsi leurs nobles inclinations concilieront leurs esprits, et la vertu sera entre eux une immortelle médiatrice. Mais si leur union ne perd rien de sa fermeté, nous déplorerons éternellement qu'elle ait perdu son agrément le plus doux, et qu'une princesse si chérie de tout l'univers ait été précipitée dans le tombeau, pendant que la confiance de deux si grands rois l'élevait au comble de la grandeur et de la gloire.

La grandeur et la gloire ! Pouvons-nous encore entendre ces noms dans ce triomphe de la mort ? Non, Messieurs, je ne puis plus soutenir ces grandes paroles, par lesquelles l'arrogance humaine tâche de s'étourdir elle-même pour ne pas apercevoir son néant. Il est temps de faire voir que tout ce qui est mortel, quoi qu'on ajoute par le dehors pour le faire paraître grand, est par son fond incapable d'élévation. Écoutez à ce propos le profond raisonnement non d'un philo-

sophe qui dispute dans une école, ou d'un religieux
qui médite dans un cloître; je veux confondre le
monde par ceux que le monde même révère le plus,
par ceux qui le connaissent le mieux, et ne lui veux
donner pour le convaincre que des docteurs assis
sur le trône. "O Dieu! dit le Roi Prophète, vous avez
fait mes jours mesurables, et ma substance n'est rien
devant vous." Il est ainsi! Chrétiens; tout ce qui se
mesure finit, et tout ce qui est né pour finir n'est
pas tout à fait sorti du néant où il est sitôt replongé.
Si notre être, si notre substance n'est rien, tout ce
que nous bâtissons dessus, que peut-il être? Ni
l'édifice n'est plus solide que le fondement, ni
l'accident attaché à l'être plus réel que l'être même.
Pendant que la nature nous tient si bas, que peut faire
la fortune pour nous élever? Cherchez, imaginez
parmi les hommes les différences les plus remarquables;
vous n'en trouverez point de mieux marquée, ni qui
vous paraisse plus effective, que celle qui relève le
victorieux au-dessus des vaincus qu'il voit étendus
à ses pieds. Cependant ce vainqueur enflé de ses
titres tombera lui-même à son tour entre les mains de
la mort. Alors ces malheureux vaincus rappelleront
à leur compagnie leur superbe triomphateur; et du
creux de leur tombeau sortira cette voix qui foudroie
toutes les grandeurs: "Vous voilà blessé comme nous;
vous êtes devenu semblable à nous." Que la fortune
ne tente donc pas de nous tirer du néant ni de forcer
la bassesse de notre nature.

Mais peut-être, au défaut de la fortune, les qualités
de l'esprit, les grands desseins, les vastes pensées
pourront nous distinguer du reste des hommes.
Gardez-vous bien de le croire, parce que toutes nos

pensées qui n'ont pas Dieu pour objet sont du domaine de la mort. "Ils mourront, dit le Roi Prophète, et en ce jour périront toutes leurs pensées." C'est-à-dire, les pensées des conquérants, les pensées des politiques, qui auront imaginé dans leurs cabinets des desseins où le monde entier sera compris. Ils se seront munis de tous côtés par des précautions infinies; enfin ils auront tout prévu, excepté leur mort, qui emportera en un moment toutes leurs pensées. C'est pour cela que l'Ecclésiaste, le roi Salomon, fils du roi David (car je suis bien aise de vous faire voir la succession de la même doctrine dans un même trône), c'est, dis-je, pour cela que l'Ecclésiaste, faisant le dénombrement des illusions qui travaillent les enfants des hommes, y comprend la sagesse même. "Je me suis, dit-il, appliqué à la sagesse, et j'ai vu que c'était encore une vanité," parce qu'il y a une fausse sagesse qui, se renfermant dans l'enceinte des choses mortelles, s'ensevelit avec elle dans le néant. Ainsi je n'ai rien fait pour Madame, quand je vous ai représenté tant de belles qualités qui la rendaient admirable au monde, et capable des plus hauts desseins où une princesse puisse s'élever. Jusqu'à ce que je commence à vous raconter ce qui l'unit à Dieu, une si illustre princesse ne paraîtra dans ce discours que comme un exemple, le plus grand qu'on se puisse proposer, et le plus capable de persuader aux ambitieux qu'ils n'ont aucun moyen de se distinguer, ni par leur naissance, ni par leur grandeur, ni par leur esprit, puisque la mort, qui égale tout, les domine de tous côtés avec tant d'empire, et que d'une main si prompte et si souveraine elle renverse les têtes les plus respectées.

Considérez, Messieurs, ces grandes puissances que nous regardons de si bas. Pendant que nous tremblons sous leur main, Dieu les frappe pour nous avertir. Leur élévation en est la cause; et il les épargne si peu qu'il ne craint pas de les sacrifier à l'instruction du reste des hommes. Chrétiens, ne murmurez pas si Madame a été choisie pour nous donner une telle instruction. Il n'y a rien ici de rude pour elle, puisque, comme vous le verrez par la suite, Dieu la sauve par le même coup qui nous instruit. Nous devrions être assez convaincus de notre néant; mais s'il faut des coups de surprise à nos cœurs enchantés de l'amour du monde, celui-ci est assez grand et assez terrible. O nuit désastreuse! ô nuit effroyable, où retentit tout à coup, comme un éclat de tonnerre, cette étonnante nouvelle, Madame se meurt! Madame est morte! Qui de nous ne se sentit frappé à ce coup, comme si quelque tragique accident avait désolé sa famille? Au premier bruit d'un mal si étrange, on accourut à Saint-Cloud de toutes parts; on trouve tout consterné, excepté le cœur de cette princesse. Partout on entend des cris; partout on voit la douleur et le désespoir et l'image de la mort. Le roi, la reine, Monsieur, toute la cour, tout le peuple, tout est abattu, tout est désespéré; et il me semble que je vois l'accomplissement de cette parole du prophète: "Le roi pleurera, le prince sera désolé, et les mains tomberont au peuple de douleur et d'étonnement."

Mais et les princes et les peuples gémissaient en vain. En vain Monsieur, en vain le roi même tenait Madame serrée par de si étroits embrassements. Alors ils pouvaient dire l'un et l'autre avec saint Ambroise: *Stringebam brachia, sed jam amiseram quam tenebam:*

"Je serrais les bras, mais j'avais déjà perdu ce que je tenais." La princesse leur échappait parmi des embrassements si tendres, et la mort plus puissante nous l'enlevait entre ces royales mains. Quoi donc, elle devait périr sitôt! Dans la plupart des hommes, les changements se font peu à peu, et la mort les prépare ordinairement à son dernier coup. Madame cependant a passé du matin au soir, ainsi que l'herbe des champs. Le matin elle fleurissait, avec quelles grâces, vous le savez; le soir nous la vîmes séchée; et ces fortes expressions par lesquelles l'Écriture sainte exagère l'inconstance des choses humaines, devaient être pour cette princesse si précises et si littérales. Hélas! nous composions son histoire de tout ce qu'on peut imaginer de plus glorieux! Le passé et le présent nous garantissaient l'avenir, et on pouvait tout attendre de tant d'excellentes qualités. Elle allait s'acquérir deux puissants royaumes par des moyens agréables; toujours douce, toujours paisible autant que généreuse et bienfaisante, son crédit n'y aurait jamais été odieux; on ne l'eût point vue s'attirer la gloire avec une ardeur inquiète et précipitée: elle l'eût attendue sans impatience, comme sûre de la posséder. Cet attachement qu'elle a montré si fidèle pour le roi jusques à la mort lui en donnait les moyens. Et certes, c'est le bonheur de nos jours, que l'estime se puisse joindre avec le devoir, et qu'on puisse autant s'attacher au mérite et à la personne du prince qu'on en révère la puissance et la majesté. Les inclinations de Madame ne l'attachaient pas moins fortement à tous ses autres devoirs. La passion qu'elle ressentait pour la gloire de Monsieur n'avait point de bornes. Pendant que ce grand prince, marchant

sur les pas de son invincible frère, secondait avec
tant de valeur et de succès ses grands et héroïques
desseins dans la campagne de Flandre, la joie de cette
princesse était incroyable. C'est ainsi que ses géné-
reuses inclinations la menaient à la gloire par les
voies que le monde trouve les plus belles ; et si quelque
chose manquait encore à son bonheur, elle eût tout
gagné par sa douceur et par sa conduite. Telle était
l'agréable histoire que nous faisions pour Madame ;
et, pour achever ces nobles projets, il n'y avait que
la durée de sa vie dont nous ne croyions pas devoir
être en peine. Car qui eût pu seulement penser que
les années eussent dû manquer à une jeunesse qui
semblait si vive ? Toutefois c'est par cet endroit que
tout se dissipe en un moment. Au lieu de l'histoire
d'une belle vie, nous sommes réduits à faire l'histoire
d'une admirable mais triste mort. A la vérité, Messieurs, rien n'a jamais égalé la fermeté de son âme, ni
ce courage paisible qui, sans faire effort pour s'élever,
s'est trouvé par sa naturelle situation au-dessus des
accidents les plus redoutables. Oui, Madame fut
douce envers la mort, comme elle était envers tout
le monde. Son grand cœur ni ne s'aigrit, ni ne s'em-
porta contre elle. Elle ne la brave non plus avec
fierté, contente de l'envisager sans émotion et de la
recevoir sans trouble. Triste consolation, puisque,
malgré ce grand courage, nous l'avons perdue ! C'est
la grande vanité des choses humaines. Après que,
par le dernier effet de notre courage, nous avons,
pour ainsi dire, surmonté la mort, elle éteint en nous
jusqu'à ce courage par lequel nous semblions la défier.
La voilà, malgré ce grand cœur, cette princesse si
admirée et si chérie ; la voilà telle que la mort nous l'a

faite: encore ce reste tel quel va-t-il disparaître, cette
ombre de gloire va s'évanouir; et nous l'allons voir
dépouillée même de cette triste décoration. Elle va
descendre à ces sombres lieux, à ces demeures
souterraines, pour y dormir dans la poussière avec
les grands de la terre, comme parle Job; avec ces rois
et ces princes anéantis, parmi lesquels à peine peut-on
la placer, tant les rangs y sont pressés, tant la mort est
prompte à remplir ces places. Mais ici notre imagina-
tion nous abuse encore. La mort ne nous laisse pas
assez de corps pour occuper quelque place, et on ne
voit là que les tombeaux qui fassent quelque figure.
Notre chair change bientôt de nature: notre corps
prend un autre nom; même celui de cadavre, dit
Tertullien, parce qu'il nous montre encore quelque
forme humaine, ne lui demeure pas longtemps: il
devient un je ne sais quoi, qui n'a plus de nom dans
aucune langue, tant il est vrai que tout meurt en lui,
jusqu'à ces termes funèbres par lesquels on exprimait
ses malheureux restes.

C'est ainsi que la puissance divine, justement
irritée contre notre orgueil, le pousse jusqu'au néant,
et que pour égaler à jamais les conditions, elle ne fait
de nous tous qu'une même cendre. Peut-on bâtir sur
ces ruines? peut-on appuyer quelque grand dessein
sur ce débris inévitable des choses humaines? Mais
quoi, Messieurs, tout est-il donc désespéré pour
nous? Dieu, qui foudroie toutes nos grandeurs jusqu'à les réduire en poudre, ne nous laisse-t-il aucune
espérance? Lui, aux yeux de qui rien ne se perd, et
qui suit toutes les parcelles de nos corps, en quelque
endroit écarté du monde que la corruption ou le
hasard les jette, verra-t-il périr sans ressource ce

qu'il a fait capable de le connaître et de l'aimer? Ici un nouvel ordre de choses se présente à moi; les ombres de la mort se dissipent: "Les voies me sont ouvertes à la véritable vie." Madame n'est plus dans le tombeau; la mort, qui semblait tout détruire, a tout établi: voici le secret de l'Ecclésiaste, que je vous avais marqué dès le commencement de ce discours, et dont il faut maintenant découvrir le fond.

Il faut donc penser, Chrétiens, qu'outre le rapport que nous avons du côté du corps avec la nature changeante et mortelle, nous avons d'un autre côté un rapport intime, et une secrète affinité avec Dieu, parce que Dieu même a mis quelque chose en nous, qui peut confesser la vérité de son être, en adorer la perfection, en admirer la plénitude; quelque chose qui peut se soumettre à sa souveraine puissance, s'abandonner à sa haute et incompréhensible sagesse, se confier en sa bonté, craindre sa justice, espérer son éternité. De ce côté, Messieurs, si l'homme croit avoir en lui de l'élévation, il ne se trompera pas. Car comme il est nécessaire que chaque chose soit réunie à son principe, et que c'est pour cette raison, dit l'Ecclésiaste, "que le corps retourne à la terre, dont il a été tiré": il faut, par la suite du même raisonnement, que ce qui porte en nous la marque divine, ce qui est capable de s'unir à Dieu, y soit aussi rappelé. Or, ce qui doit retourner à Dieu, qui est la grandeur primitive et essentielle, n'est-il pas grand et élevé? C'est pourquoi, quand je vous ai dit que la grandeur et la gloire n'étaient parmi nous que des noms pompeux, vides de sens et de choses, je regardais le mauvais usage que nous faisons de ces termes. Mais, pour dire la vérité dans toute son étendue, ce n'est

ni l'erreur ni la vanité qui ont inventé ces noms
magnifiques; au contraire, nous ne les aurions jamais
trouvés, si nous n'en avions porté le fonds en nous-
mêmes. Car où prendre ces nobles idées dans le
néant? La faute que nous faisons, n'est donc pas de
nous être servis de ces noms; c'est de les avoir
appliqués à des objets trop indignes. Saint Chrysos-
tome a bien compris cette vérité, quand il a dit:
"Gloire, richesse, noblesse, puissance, pour les hommes
du monde ne sont que des noms; pour nous, si nous
servons Dieu, ce seront des choses. Au contraire, la
pauvreté, la honte, la mort, sont des choses trop
effectives et trop réelles pour eux; pour nous, ce
sont seulement des noms"; parce que celui qui
s'attache à Dieu ne perd ni ses biens, ni son honneur,
ni sa vie. Ne vous étonnez donc pas si l'Ecclésiaste
dit si souvent: "Tout est vanité." Il s'explique, "tout
est vanité sous le soleil"; c'est-à-dire, tout ce qui
est mesuré par les années, tout ce qui est emporté
par la rapidité du temps. Sortez du temps et du
changement; aspirez à l'éternité: la vanité ne vous
tiendra plus asservis. Ne vous étonnez pas si le même
Ecclésiaste méprise tout en nous, jusqu'à la sagesse,
et ne trouve rien de meilleur que de goûter en repos
le fruit de son travail. La sagesse dont il parle en ce
lieu est cette sagesse insensée, ingénieuse à se tour-
menter, habile à se tromper elle-même, qui se cor-
rompt dans le présent, qui s'égare dans l'avenir, qui
par beaucoup de raisonnements et de grands efforts
ne fait que se consumer inutilement en amassant des
choses que le vent emporte. "Hé! s'écrie ce sage roi,
y a-t-il rien de si vain?" Et n'a-t-il pas raison de
préférer la simplicité d'une vie particulière, qui goûte

doucement et innocemment ce peu de biens que la
nature nous donne, aux soucis et aux chagrins des
avares, aux songes inquiets des ambitieux? "Mais
cela même, dit-il, ce repos, cette douceur de la vie,
est encore une vanité"; parce que la mort trouble et
emporte tout. Laissons-lui donc mépriser tous les
états de cette vie, puisqu'enfin, de quelque côté qu'on
s'y tourne, on voit toujours la mort en face, qui
couvre de ténèbres tous nos plus beaux jours.
Laissons-lui égaler le fou et le sage; et même, je ne
craindrai pas de le dire hautement en cette chaire,
laissons-lui confondre l'homme avec la bête: *Unus
interitus est hominis et jumentorum.* En effet, jusqu'à
ce que nous ayons trouvé la véritable sagesse, tant
que nous regarderons l'homme par les yeux du corps,
sans y démêler par l'intelligence ce secret principe
de toutes nos actions, qui, étant capable de s'unir à
Dieu, doit nécessairement y retourner, que verrons-
nous autre chose dans notre vie que de folles inquiétudes? et que verrons-nous dans notre mort
qu'une vapeur qui s'exhale, que des esprits qui
s'épuisent, que des ressorts qui se démontent et se
déconcertent, enfin qu'une machine qui se dissout et
qui se met en pièces? Ennuyés de ces vanités, cher-
chons ce qu'il y a de grand et de solide en nous.
Le Sage nous l'a montré dans les dernières paroles de
l'Ecclésiaste; et bientôt Madame nous le fera paraître
dans les dernières actions de sa vie. "Crains Dieu, et
observe ses commandements; car c'est là tout
l'homme": comme s'il disait, ce n'est pas l'homme
que j'ai méprisé, ne le croyez pas; ce sont les opinions,
ce sont les erreurs par lesquelles l'homme abusé se
déshonore lui-même. Voulez-vous savoir en un mot

ce que c'est que l'homme? Tout son devoir, tout
son objet, toute sa nature c'est de craindre Dieu: tout
le reste est vain, je le déclare; mais aussi tout le reste
n'est pas l'homme. Voici ce qui est réel et solide, et
ce que la mort ne peut enlever: car, ajoute l'Ecclésiaste:
"Dieu examinera dans son jugement tout ce que
nous aurons fait de bien et de mal." Il est donc
maintenant aisé de concilier toutes choses. Le
Psalmiste, dit: "qu'à la mort périront toutes nos
pensées"; oui: celles que nous aurons laissé emporter
au monde, dont la figure passe et s'évanouit. Car
encore que notre esprit soit de nature à vivre toujours,
il abandonne à la mort tout ce qu'il consacre aux
choses mortelles; de sorte que nos pensées, qui
devraient être incorruptibles du côté de leur principe,
deviennent périssables du côté de leur objet. Voulez-
vous sauver quelque chose de ce débris si universel,
si inévitable? Donnez à Dieu vos affections; nulle
force ne vous ravira ce que vous aurez déposé en ces
mains divines. Vous pourrez hardiment mépriser la
mort, à l'exemple de notre héroïne chrétienne. Mais
afin de tirer d'un si bel exemple toute l'instruction
qu'il nous peut donner, entrons dans une profonde
considération des conduites de Dieu sur elle, et
adorons en cette princesse le mystère de la prédestination et de la grâce.

Vous savez que toute la vie chrétienne, que tout
l'ouvrage de notre salut est une suite continuelle de
miséricordes: mais le fidèle interprète du mystère de
la grâce, je veux dire le grand Augustin, m'apprend
cette véritable et solide théologie, que c'est dans la
première grâce, et dans la dernière, que la grâce se
montre grâce; c'est-à-dire que c'est dans la vocation

qui nous prévient, et dans la persévérance finale qui nous couronne, que la bonté qui nous sauve paraît toute gratuite et toute pure. En effet, comme nous changeons deux fois d'état, en passant premièrement des ténèbres à la lumière, et ensuite de la lumière imparfaite de la foi à la lumière consommée de la gloire; comme c'est la vocation qui nous inspire la foi, et que c'est la persévérance qui nous transmet à la gloire: il a plu à la divine bonté de se marquer elle-même au commencement de ces deux états par une impression illustre et particulière, afin que nous confessions que toute la vie du chrétien, et dans le temps qu'il espère, et dans le temps qu'il jouit, est un miracle de grâce. Que ces deux principaux moments de la grâce ont été bien marqués par les merveilles que Dieu a faites pour le salut éternel de Henriette d'Angleterre! Pour la donner à l'Église, il a fallu renverser tout un grand royaume. La grandeur de la maison d'où elle est sortie n'était pour elle qu'un engagement plus étroit dans le schisme de ses ancêtres: disons, des derniers de ses ancêtres; puisque tout ce qui les précède, à remonter jusqu'aux premiers temps, est si pieux et si catholique. Mais si les lois de l'État s'opposent à son salut éternel, Dieu ébranlera tout l'État pour l'affranchir de ces lois. Il met les âmes à ce prix; il remue le ciel et la terre pour enfanter ses élus; et comme rien ne lui est cher que ces enfants de sa dilection éternelle, que ces membres inséparables de son Fils bien-aimé, rien ne lui coûte, pourvu qu'il les sauve. Notre princesse est persécutée avant que de naître, délaissée aussitôt que mise au monde, arrachée, en naissant, à la piété d'une mère catholique, captive, dès le berceau, des ennemis implacables de sa maison; et ce qui était plus déplorable, captive des ennemis de l'Église; par conséquent destinée premièrement par sa glorieuse naissance, et ensuite par sa malheureuse captivité, à l'erreur et à l'hérésie. Mais le sceau de Dieu était sur elle. Elle pouvait dire avec le prophète: "Mon père et ma mère m'ont abandonnée; mais le Seigneur m'a reçue en sa protection." Délaissée de toute la terre dès ma naissance, "je fus comme jetée entre les bras de sa providence paternelle; et dès le ventre de ma mère il se déclara mon Dieu." Ce fut à cette garde fidèle que la reine sa mère commit ce précieux dépôt. Elle ne fut point trompée dans sa confiance. Deux ans après, un coup imprévu et qui tenait du miracle délivra la princesse des mains des rebelles. Malgré les tempêtes de l'Océan, et les agitations encore plus violentes de la terre, Dieu la prenant sur ses ailes, comme l'aigle prend ses petits, la porta lui-même dans ce royaume; lui-même la posa dans le sein de la reine sa mère, ou plutôt dans le sein de l'Église catholique. Là elle apprit les maximes de la piété véritable, moins par les instructions qu'elle y recevait, que par les exemples vivants de cette grande et religieuse reine. Elle a imité ses pieuses libéralités. Ses aumônes toujours abondantes se sont répandues principalement sur les catholiques d'Angleterre, dont elle a été la fidèle protectrice. Digne fille de saint Édouard et de saint Louis, elle s'attacha du fond de son cœur à la foi de ces deux grands rois. Qui pourrait assez exprimer le zèle dont elle brûlait pour le rétablissement de cette foi dans le royaume d'Angleterre où l'on en conserve encore tant de précieux monuments? Nous savons qu'elle n'eût pas craint d'exposer sa vie pour un si pieux dessein: et le ciel nous l'a ravie! O Dieu! que prépare ici votre éternelle providence? Me permettrez-vous, ô Seigneur, d'envisager en tremblant vos saints et redoutables conseils? Est-ce que les temps de confusion ne sont pas encore accomplis? Est-ce que le crime qui fit céder vos vérités saintes à des passions malheureuses est encore devant vos yeux, et que vous ne l'avez pas assez puni par un aveuglement de plus d'un siècle? Nous ravissez-vous Henriette, par un effet du même jugement qui abrégea les jours de la reine Marie, et son règne si favorable à l'Église? ou bien voulez-vous triompher seul? et en nous ôtant les moyens dont nos désirs se flattaient, réservez-vous dans les temps marqués par votre prédestination éternelle de secrets retours à l'État et à la maison d'Angleterre? Quoi qu'il en soit, ô grand Dieu! recevez-en aujourd'hui les bienheureuses prémices en la personne de cette princesse. Puisse toute sa maison et tout le royaume suivre l'exemple de sa foi! Ce grand roi, qui remplit de tant de vertus le trône de ses ancêtres, et fait louer tous les jours la divine main qui l'y a rétabli comme par miracle, n'improuvera pas notre zèle, si nous souhaitons devant Dieu que lui et tous ses peuples soient comme nous. *Opto apud Deum..., non tantum te, sed etiam omnes...fieri tales, qualis et ego sum.* Ce souhait est fait pour les rois, et saint Paul étant dans les fers le fit la première fois en faveur du roi Agrippa; mais saint Paul en exceptait ses liens, *exceptis vinculis his*: et nous, nous souhaitons principalement que l'Angleterre, trop libre dans sa croyance, trop licencieuse dans ses sentiments, soit enchaînée comme nous de ces bienheureux liens qui empêchent l'orgueil

humain de s'égarer dans ses pensées, en le captivant
sous l'autorité du Saint-Esprit et de l'Église.

Après vous avoir exposé le premier effet de la grâce
de Jésus-Christ en notre princesse, il me reste,
Messieurs, de vous faire considérer le dernier qui
couronnera tous les autres. C'est par cette dernière
grâce que la mort change de nature pour les chrétiens,
puisqu'au lieu qu'elle semblait être faite pour nous
dépouiller de tout, elle commence, comme dit
l'Apôtre, à nous revêtir, et nous assure éternellement
la possession des biens véritables. Tant que nous
sommes détenus dans cette demeure mortelle, nous
vivons assujettis aux changements, parce que, si vous
me permettez de parler ainsi, c'est la loi du pays que
nous habitons; et nous ne possédons aucun bien,
même dans l'ordre de la grâce, que nous ne puissions
perdre un moment après par la mutabilité naturelle
de nos désirs. Mais aussitôt qu'on cesse pour nous de
compter les heures, et de mesurer notre vie par les
jours et par les années, sortis des figures qui passent
et des ombres qui disparaissent, nous arrivons au
règne de la vérité où nous sommes affranchis de la
loi des changements. Ainsi notre âme n'est plus en
péril, nos résolutions ne vacillent plus: la mort, ou
plutôt la grâce de la persévérance finale, a la force de
les fixer; et de même que le testament de Jésus-
Christ, par lequel il se donne à nous, est confirmé à
jamais, suivant le droit des testaments et la doctrine
de l'Apôtre, par la mort de ce divin testateur; ainsi
la mort du fidèle fait que ce bienheureux testament,
par lequel de notre côté nous nous donnons au
Sauveur, devient irrévocable. Donc, Messieurs, si je
vous fais voir encore une fois Madame aux prises avec

la mort, n'appréhendez rien pour elle; quelque cruelle
que la mort vous paraisse, elle ne doit servir à cette
fois que pour accomplir l'œuvre de la grâce et sceller
en cette princesse le conseil de son éternelle prédestination. Voyons donc ce dernier combat; mais encore
un coup affermissons-nous. Ne mêlons point de
faiblesse à une si forte action, et ne déshonorons
point par nos larmes une si belle victoire. Voulez-
vous voir combien la grâce qui a fait triompher
Madame a été puissante? voyez combien la mort a
été terrible. Premièrement elle a plus de prise sur
une princesse qui a tant à perdre. Que d'années elle
va ravir à cette jeunesse! que de joie elle enlève à
cette fortune! que de gloire elle ôte à ce mérite!
D'ailleurs, peut-elle venir ou plus prompte ou plus
cruelle? C'est ramasser toutes ses forces, c'est unir
ce qu'elle a de plus redoutable, que de joindre, comme
elle fait, aux plus vives douleurs l'attaque la plus
imprévue. Mais quoique, sans menacer et sans
avertir, elle se fasse sentir toute entière dès le premier
coup, elle trouve la princesse prête. La grâce plus
active encore l'a déjà mise en défense. Ni la gloire
ni la jeunesse n'auront un soupir. Un regret immense
de ses péchés ne lui permet pas de regretter autre
chose. Elle demande le crucifix sur lequel elle avait
vu expirer la reine sa belle-mère, comme pour y
recueillir les impressions de constance et de piété
que cette âme vraiment chrétienne y avait laissées
avec les derniers soupirs. A la vue d'un si grand objet,
n'attendez pas de cette princesse des discours étudiés
et magnifiques: une sainte simplicité fait ici toute la
grandeur. Elle s'écrie: "O mon Dieu, pourquoi
n'ai-je pas toujours mis en vous ma confiance?" Elle

s'afflige, elle se rassure, elle confesse humblement et avec tous les sentiments d'une profonde douleur que de ce jour seulement elle commence à connaître Dieu, n'appelant pas le connaître que de regarder encore tant soit peu le monde. Qu'elle nous parut au-dessus de ces lâches chrétiens qui s'imaginent avancer leur mort quand ils préparent leur confession, qui ne reçoivent les saints sacrements que par force, dignes certes de recevoir pour leur jugement ce mystère de piété qu'ils ne reçoivent qu'avec répugnance. Madame appelle les prêtres plutôt que les médecins. Elle demande d'elle-même les sacrements de l'Église, la Pénitence avec componction, l'Eucharistie avec crainte et puis avec confiance, la sainte Onction des mourants avec un pieux empressement. Bien loin d'en être effrayée, elle veut la recevoir avec connaissance; elle écoute l'explication de ces saintes cérémonies, de ces prières apostoliques qui, par une espèce de charme divin, suspendent les douleurs les plus violentes, qui font oublier la mort (je l'ai vu souvent) à qui les écoute avec foi; elle les suit, elle s'y conforme; on lui voit paisiblement présenter son corps à cette huile sacrée, ou plutôt au sang de Jésus, qui coule si abondamment avec cette précieuse liqueur. Ne croyez pas que ces excessives et insupportables douleurs aient tant soit peu troublé sa grande âme. Ah! je ne veux plus tant admirer les braves ni les conquérants. Madame m'a fait connaître la vérité de cette parole du Sage: "Le patient vaut mieux que le fort, et celui qui dompte son cœur vaut mieux que celui qui prend des villes." Combien a-t-elle été maîtresse du sien! Avec quelle tranquillité a-t-elle satisfait à tous ses devoirs! Rappelez en votre pensée ce qu'elle dit à

Monsieur. Quelle force! quelle tendresse! O paroles
qu'on voyait sortir de l'abondance d'un cœur qui se
sent au-dessus de tout, paroles que la mort présente
et que Dieu plus présent encore ont consacrées,
sincère production d'une âme qui, tenant au ciel, ne
doit plus rien à la terre que la vérité, vous vivrez
éternellement dans la mémoire des hommes, mais
surtout vous vivrez éternellement dans le cœur de ce
grand prince. Madame ne peut plus résister aux larmes
qu'elle lui voit répandre. Invincible par tout autre
endroit, ici elle est contrainte de céder. Elle prie
Monsieur de se retirer, parce qu'elle ne veut plus
sentir de tendresse que pour ce Dieu crucifié qui lui
tend les bras. Alors qu'avons-nous vu? qu'avons-
nous ouï? Elle se conformait aux ordres de Dieu; elle
lui offrait ses souffrances en expiation de ses fautes;
elle professait hautement la foi catholique et la
résurrection des morts, cette précieuse consolation des
fidèles mourants. Elle excitait le zèle de ceux qu'elle
avait appelés pour l'exciter elle-même, et ne voulait
point qu'ils cessassent un moment de l'entretenir des
vérités chrétiennes. Elle souhaita mille fois d'être
plongée au sang de l'Agneau: c'était un nouveau langage que la grâce lui apprenait. Nous ne voyons en
elle ni cette ostentation par laquelle on veut tromper
les autres, ni ces émotions d'une âme alarmée par
lesquelles on se trompe soi-même. Tout était simple,
tout était solide, tout était tranquille; tout partait
d'une âme soumise et d'une source sanctifiée par le
Saint-Esprit.

En cet état, Messieurs, qu'avions-nous à demander
à Dieu pour cette princesse, sinon qu'il l'affermît
dans le bien, et qu'il conservât en elle les dons de sa

grâce. Ce grand Dieu nous exauçait; mais souvent, dit saint Augustin, en nous exauçant il trompe heureusement notre prévoyance. La princesse est affermie dans le bien d'une manière plus haute que celle que nous entendions. Comme Dieu ne voulait plus exposer aux illusions du monde les sentiments d'une piété si sincère, il a fait ce que dit le Sage: "Il s'est hâté." En effet, quelle diligence! en neuf heures l'ouvrage est accompli. "Il s'est hâté de la tirer du milieu des iniquités." Voilà, dit le grand saint Ambroise, la merveille de la mort dans les chrétiens. Elle ne finit pas leur vie; elle ne finit que leurs péchés et les périls où ils sont exposés. Nous nous sommes plaints que la mort ennemie des fruits que nous promettait la princesse, les a ravagés dans la fleur, qu'elle a effacé, pour ainsi dire sous le pinceau même, un tableau qui s'avançait à la perfection avec une incroyable diligence, dont les premiers traits, dont le seul dessin montrait déjà tant de grandeur. Changeons maintenant de langage; ne disons plus que la mort a tout d'un coup arrêté le cours de la plus belle vie du monde et de l'histoire qui se commençait le plus noblement; disons qu'elle a mis fin aux plus grands périls dont une âme chrétienne peut être assaillie. Et pour ne point parler ici des tentations infinies qui attaquent à chaque pas la faiblesse humaine, quel péril n'eût point trouvé cette princesse dans sa propre gloire? La gloire, qu'y a-t-il pour le chrétien de plus pernicieux et de plus mortel? quel appas plus dangereux? quelle fumée plus capable de faire tourner les meilleures têtes? Considérez la princesse; représentez-vous cet esprit qui, répandu par tout son extérieur, en rendait les grâces si vives: tout était esprit, tout était bonté.

Affable à tous avec dignité, elle savait estimer les uns sans fâcher les autres; et quoique le mérite fût distingué, la faiblesse ne se sentait pas dédaignée. Quand quelqu'un traitait avec elle, il semblait qu'elle eût oublié son rang pour ne se soutenir que par sa raison. On ne s'apercevait presque pas qu'on parlât à une personne si élevée; on sentait seulement au fond de son cœur qu'on eût voulu lui rendre au centuple la grandeur dont elle se dépouillait si obligeamment. Fidèle en ses paroles, incapable de déguisement, sûre à ses amis, par la lumière et la droiture de son esprit elle les mettait à couvert de vains ombrages et ne leur laissait à craindre que leurs propres fautes. Très reconnaissante des services, elle aimait à prévenir les injures par sa bonté, vive à les sentir, facile à les pardonner. Que dirai-je de sa libéralité? Elle donnait non seulement avec joie, mais avec une grandeur d'âme qui marquait tout ensemble et le mépris du don et l'estime de la personne. Tantôt par des paroles touchantes, tantôt même par son silence, elle relevait ses présents; et cet art de donner agréablement qu'elle avait si bien pratiqué durant sa vie, l'a suivie, je le sais, jusque entre les bras de la mort. Avec tant de grandes et tant d'aimables qualités, qui eût pu lui refuser son admiration? Mais, avec son crédit, avec sa puissance, qui n'eût voulu s'attacher à elle? N'allait-elle pas gagner tous les cœurs, c'est-à-dire la seule chose qu'ont à gagner ceux à qui la naissance et la fortune semblent tout donner? Et si cette haute élévation est un précipice affreux pour les chrétiens, ne puis-je pas dire, Messieurs, pour me servir des paroles fortes du plus grave des historiens, "qu'elle allait être précipitée dans la gloire"? Car quelle

créature fut jamais plus propre à être l'idole du
monde? Mais ces idoles que le monde adore, à combien de tentations délicates ne sont-elles pas exposées?
La gloire, il est vrai, les défend de quelques faiblesses;
mais la gloire les défend-elle de la gloire même?
ne s'adorent-elles pas secrètement? ne veulent-elles pas
être adorées? que n'ont-elles pas à craindre de leur
amour-propre, et que peut se refuser la faiblesse
humaine, pendant que le monde lui accorde tout?
n'est-ce pas là qu'on apprend à faire servir à l'ambition,
à la grandeur, à la politique, et la vertu, et la religion,
et le nom de Dieu? La modération que le monde
affecte n'étouffe pas les mouvements de la vanité,
elle ne sert qu'à les cacher; et plus elle ménage le
dehors, plus elle livre le cœur aux sentiments les plus
délicats et les plus dangereux de la fausse gloire.
On ne compte plus que soi-même, et on dit au fond
de son cœur: "Je suis, et il n'y a que moi sur la
terre." En cet état, Messieurs, la vie n'est-elle pas
un péril, la mort n'est-elle pas une grâce? Que ne
doit-on pas craindre de ses vices, si les bonnes qualités
sont si dangereuses? N'est-ce donc pas un bienfait
de Dieu d'avoir abrégé les tentations avec les jours
de Madame, de l'avoir arrachée à sa propre gloire,
avant que cette gloire par son excès eût mis en hasard
sa modération? Qu'importe que sa vie ait été si
courte? jamais ce qui doit finir ne peut être long.
Quand nous ne compterions point ses confessions plus
exactes, ses entretiens de dévotion plus fréquents,
son application plus forte à la piété dans les derniers
temps de sa vie, ce peu d'heures, saintement passées
parmi les plus rudes épreuves et dans les sentiments
les plus purs du Christianisme, tiennent lieu toutes

seules d'un âge accompli. Le temps a été court, je
l'avoue, mais l'opération de la grâce a été forte, mais
la fidélité de l'âme a été parfaite. C'est l'effet d'un art
consommé de réduire en petit tout un grand ouvrage,
et la grâce, cette excellente ouvrière, se plaît quelquefois
à renfermer en un jour la perfection d'une longue vie.
Je sais que Dieu ne veut pas qu'on s'attende à de tels
miracles; mais si la témérité insensée des hommes
abuse de ses bontés, son bras pour cela n'est pas
raccourci et sa main n'est pas affaiblie. Je me confie
pour Madame en cette miséricorde qu'elle a si sincèrement et si humblement réclamée. Il semble que Dieu
ne lui ait conservé le jugement libre jusques au dernier
soupir qu'afin de faire durer les témoignages de sa
foi. Elle a aimé en mourant le Sauveur Jésus; les bras
lui ont manqué plutôt que l'ardeur d'embrasser la
croix; j'ai vu sa main défaillante chercher encore en
tombant de nouvelles forces pour appliquer sur ses
lèvres ce bienheureux signe de notre rédemption;
n'est-ce pas mourir entre les bras et dans le baiser du
Seigneur? Ah! nous pouvons achever ce saint sacrifice
pour le repos de Madame avec une pieuse confiance.
Ce Jésus en qui elle a espéré, dont elle a porté la croix
en son corps par des douleurs si cruelles, lui donnera
encore son sang, dont elle est déjà toute teinte, toute
pénétrée, par la participation à ses sacrements et par
la communion avec ses souffrances.

Mais en priant pour son âme, Chrétiens, songeons
à nous-mêmes. Qu'attendons-nous pour nous convertir? Quelle dureté est semblable à la nôtre, si un
accident si étrange, qui devrait nous pénétrer jusqu'au
fond de l'âme, ne fait que nous étourdir pour quelques
moments? Attendons-nous que Dieu ressuscite les

morts pour nous instruire? Il n'est point nécessaire
que les morts reviennent, ni que quelqu'un sorte du
tombeau; ce qui entre aujourd'hui dans le tombeau
doit suffire pour nous convertir. Car si nous savons
nous connaître, nous confesserons, Chrétiens, que
les vérités de l'éternité sont assez bien établies; nous
n'avons rien que de faible à leur opposer; c'est par
passion, et non par raison, que nous osons les combattre. Si quelque chose les empêche de régner sur
nous, ces saintes et salutaires vérités, c'est que le
monde nous occupe, c'est que les sens nous enchan-
tent, c'est que le présent nous entraîne. Faut-il un
autre spectacle pour nous détromper et des sens et
du présent et du monde? La Providence divine
pouvait-elle nous mettre en vue, ni de plus près, ni
plus fortement, la vanité des choses humaines? Et
si nos cœurs s'endurcissent après un avertissement si
sensible, que lui reste-t-il autre chose que de nous
frapper nous-mêmes sans miséricorde? Prévenons un
coup si funeste, et n'attendons pas toujours des
miracles de la grâce. Il n'est rien de plus odieux à la
souveraine puissance que de la vouloir forcer par des
exemples et de lui faire une loi de ses grâces et de ses
faveurs. Qu'y a-t-il donc, Chrétiens, qui puisse nous
empêcher de recevoir, sans différer, ses inspirations?
Quoi! le charme de sentir est-il si fort que nous ne
puissions rien prévoir? Les adorateurs des grandeurs
humaines seront-ils satisfaits de leur fortune, quand
ils verront que dans un moment leur gloire passera
à leur nom, leurs titres à leurs tombeaux, leurs biens
à des ingrats, et leurs dignités peut-être à leurs
envieux? Que si nous sommes assurés qu'il viendra
un dernier jour où la mort nous forcera à confesser

toutes nos erreurs, pourquoi ne pas mépriser par
raison ce qu'il faudra un jour mépriser par force?
Et quel est notre aveuglement si, toujours avançant
vers notre fin, et plutôt mourants que vivants, nous
attendons les derniers soupirs pour prendre les
sentiments que la seule pensée de la mort nous devrait
inspirer à tous les moments de notre vie? Commencez
aujourd'hui à mépriser les faveurs du monde; et
toutes les fois que vous serez dans ces lieux augustes,
dans ces superbes palais à qui Madame donnait un
éclat que vos yeux recherchent encore; toutes les fois
que, regardant cette grande place qu'elle remplissait
si bien, vous sentirez qu'elle y manque, songez que
cette gloire que vous admiriez faisait son péril en
cette vie, et que dans l'autre elle est devenue le sujet
d'un examen rigoureux, où rien n'a été capable de
la rassurer que cette sincère résignation qu'elle a eue
aux ordres de Dieu et les saintes humiliations de la
pénitence.

www.ingramcontent.com/pod-product-compliance
Ingram Content Group UK Ltd.
Pitfield, Milton Keynes, MK11 3LW, UK
UKHW042148280225
455719UK00001B/179